Le couple

un jour à la fois

MODUS VIVENDI

Le couple
un jour à la fois

M. Alain

MODUS VIVENDI

© MCMXCV Les Publications Modus Vivendi inc.

LES PUBLICATIONS MODUS VIVENDI INC.
55, rue Jean-Talon Ouest, 2ᵉ étage
Montréal (Québec)
Canada H2R 2W8

Design de la couverture : Émilie Houle
Infographie : Modus Vivendi

Dépôt légal – Bibliothèque et Archives nationales du Québec, 2007
Dépôt légal – Bibliothèque et Archives Canada, 2007

ISBN 13 : 978-2-89523-455-5

Nous reconnaissons l'aide financière du gouvernement du Canada par l'entremise du Programme d'aide au développement de l'industrie de l'édition (PADIÉ) pour nos activités d'édition.

Gouvernement du Québec - Programme de crédit d'impôt pour l'édition de livres - Gestion SODEC

PRÉFACE

*L*orsque l'on cherche à identifier les fondements de la vie à deux, on se rend rapidement compte que le couple dépasse les simples notions de l'amour et de l'engagement. L'amour et l'engagement permettent de faire un bout de chemin ensemble mais la vie de couple exige ce que nous avons de patience, de bienséance, d'humour, de partage, de largesse et de compréhension. La liste des qualités requises pour former un couple peut parfois nous sembler exhaustive. Cependant, il peut exister dans la vie de couple une forme de synergie qui nous cimente ensemble pour la vie, dès lors que nous avons bel et bien pris la décision de vivre ensemble.

Nous sommes tous des individus à part entière. Nous sommes autosuffisants, déterminés et libres. Pourquoi alors nous embarrassons-nous d'une relation de couple qui demande autant d'énergie et de compromis? Essentiellement, c'est que nous savons combien la vie à deux est meilleure et que le couple est une source essentielle de bonheur, de partage et d'intimité. Le couple est une alliance première, un premier château fort qui nous confère l'assurance que nous avons notre place en ce monde. Le couple nous rappelle que nous sommes aimés et nous oblige à aimer l'autre dans toutes ses dimensions et dans tous ses états. Le couple est une oeuvre d'art à laquelle nous travaillons ensemble et qui n'est jamais achevée. Le couple est un pacte solennel que nous établissons librement avec un autre être spirituel et libre. Le couple se génère et se régénère jour après jour à même notre désir et notre choix d'être là et de faire vivre cet engagement.

Pour ma part, je peux vous dire que j'ai dû mettre plusieurs années avant d'atteindre la sagesse et la maturité nécessaires. J'ai été aimé et j'ai aimé avec passion et intention mais je n'avais pas cerné ou fait surgir en moi les éléments nécessaires afin de soutenir un engagement à long terme. Peut-être étais-je toujours pris par cette idée que la prochaine relation serait la bonne ou étais-je simplement trop indépendant? Heureusement, l'histoire s'est bien terminée car je vis aujourd'hui avec la certitude d'avoir choisi la bonne personne.

L'éditeur

INTRODUCTION

En préparant cet ouvrage, nous avons voulu vous offrir une source soutenue d'inspiration et des outils pour assurer la croissance et l'approfondissement de votre vie de couple. Ceux qui participent en ce moment à une relation de couple engagée pourront utiliser les affirmations quotidiennes et les témoignages qu'on y retrouve pour améliorer leur vie à deux et pour y puiser une plus grande satisfaction. Ceux qui sont à l'extérieur du couple y trouveront peut-être la force et la détermination nécessaires à l'établissement d'une relation engagée.

Le couple - un jour à la fois n'est pas un livre de recettes ni de règles à suivre mais une exploration de la dynamique de la vie à deux qui peut mener à certaines prises de conscience. Le couple est certes un lieu d'amour, de partage et de passion mais également un lieu de travail et de communication qui s'actualise réellement lorsque deux individus choisissent de regarder ensemble dans la même direction. Le couple est un accord de principe fondé sur le respect et l'amour mutuels. Chaque individu est libre. Libre d'aimer ou de ne pas aimer, de rester ou de partir, de communiquer ou de ne pas communiquer, de respecter ses engagements ou de changer d'idée. Puisque nous sommes libres, le couple est une association contractuelle dans le vrai sens du terme. Ce contrat se négocie au départ et peut se renégocier périodiquement. Et parce nous sommes libres, former un couple est un privilège et non un droit. Nous devons travailler et choisir chaque jour d'être ensemble afin de conserver ce privilège.

Dans les pages qui suivront, nous explorerons ensemble ce qu'il en retourne de la vie en couple. Comment pouvons-nous approfondir cette relation première? Comment pouvons-nous apprendre à vivre ensemble dans la joie et l'harmonie tous les jours? Comment pouvons-nous nous réaliser pleinement au sein du couple et permettre à l'autre de se réaliser également?

Plusieurs personnes ont collaboré à la préparation de ce livre en partageant leurs expériences, en nous faisant part de leurs prises de conscience, de leurs techniques, leurs victoires et leurs échecs. *Le couple - un jour à la fois* n'est pas un essai théorique mais un vibrant exposé sur la gloire et sur le défi du couple. Bon voyage!

1er janvier

VOICI LE DÉBUT D'UNE NOUVELLE VIE!

«Lorsque j'ai rencontré Caro, j'avais 36 ans et j'avais l'impression que je ne trouverais jamais une femme pour moi. Je venais de mettre fin à une relation plutôt pénible. La plus récente d'une série de relations fâcheuses. En Caro, j'ai rencontré la femme de ma vie. Aujourd'hui, nous vivons ensemble et heureux, et je ne pourrais pas imaginer la vie sans elle. Je suis heureux d'avoir choisi de rester auprès d'elle et de travailler à maintenir cette relation. Certes, j'ai fait des erreurs par le passé, mais aujourd'hui je vis le moment présent et j'entrevois l'avenir avec elle. Je pourrais mettre fin à cette relation comme j'ai mis fin à d'autres mais tout serait à recommencer.»

— Pierre S.

La relation de couple doit être réinventée chaque jour et chaque année. La nouvelle année offre la possibilité de poursuivre notre trajet de couple. Nous avons vécu toutes sortes d'expériences et nous avons surmonté plusieurs défis. Nous pouvons profiter de ce premier jour de l'année pour renforcer notre engagement en proclamant notre désir de rester ensemble. Nous savons que la vie à deux, malgré ses hauts et ses bas, est beaucoup plus riche et satisfaisante que la vie en solitaire.

Aujourd'hui, je profite de cette première journée de l'année pour renouveler mon amour envers l'être cher.

LE TRAJET

«Une relation est un processus, pas une destination. C'est un environnement interpersonnel sacré pour l'évolution de deux âmes, une expérience de l'évolution de votre conscience individuelle en présence d'un autre être humain, dont la conscience évolue également.»

— Daphne Rose Kingma

L a vie de couple n'est pas un état statique. Le couple est une entreprise dynamique qui implique la participation active de deux êtres. Le couple peut évoluer lorsque deux personnes qui s'aiment et se respectent acceptent de communiquer et d'établir des buts communs. Ils acceptent de parcourir un chemin ensemble vers la réalisation de leurs objectifs communs. Au fil de leur parcours, chacun accepte d'appuyer l'autre. Si l'on entretient l'idée que le mariage ou le couple est une fin en soi, on est mal préparé pour affronter les problèmes et les barrières qui surgiront immanquablement. Si l'on perçoit le couple comme un processus, on accepte que le changement sera de la partie.

Aujourd'hui, je vois que le couple est un processus et non un état statique. Je dois être présent et contribuer chaque jour à la croissance de notre couple.

CACHÉ DERRIÈRE L'ÉCHEC

«Lorsque ma relation avec Fabienne a pris fin, je sentais que ma vie venait de se terminer. J'avais mis tellement d'énergie et tellement de moi-même dans cette relation! Mon estime personnelle en a pris un dur coup. Pendant plusieurs mois, j'avais perdu le goût de vivre et je tournais en rond. Peu à peu, j'ai recommencé à bâtir ma vie et la douleur aiguë s'est estompée. Lorsque j'ai rencontré Laurence, je lui ai dit que je n'étais pas encore prêt à ouvrir mon coeur à une nouvelle relation. Elle a été patiente envers moi. Avec Laurence, j'ai appris comment aimer et comment me laisser aimer. Laurence voulait travailler avec moi pour réhabiliter mon désir d'être en relation. Elle m'a aidé à accepter l'échec de ma relation précédente.»

— Robert L.

Derrière chaque «non» se cache un «oui». Derrière chaque «échec» se cache une «victoire». Nous pouvons apprendre beaucoup plus de nos échecs que de nos succès car, dissimulé derrière l'échec, il y tout ce que nous n'avons pas compris, tout ce que n'avons pas voulu accepter ou confronter, tout ce que nous ne voulons pas voir ou entendre. Lorsque j'accueille l'échec et que je suis disposé à entendre les secrets qu'il cherche à me livrer, je suis ouvert à la croissance et à l'apprentissage. Aujourd'hui, je sais que l'échec mène éventuellement à une plus grande victoire.

Aujourd'hui, je vois que l'échec n'est qu'une leçon que je dois apprendre. J'utiliserai l'échec pour renforcer ma détermination.

LES FINANCES

«Ce que je trouve difficile dans notre vie de couple, c'est son côté financier. J'aimerais pouvoir nous offrir toutes les belles choses de la vie mais nous avons tous deux des prêts d'étude à rembourser. Nous vivons dans un petit appartement à Paris et nous gagnons à peine assez d'argent pour boucler les fins de mois. Nous travaillons d'arrache-pied mais la moitié de notre argent va aux impôts et le reste sert à acheter l'essentiel. La plupart de nos disputes tournent autour de l'argent et des finances. Murielle voudrait bien pouvoir s'acheter quelques robes et j'en ai marre de prendre le métro chaque matin. Je voudrais pouvoir acheter une bagnole et partir le week-end en balade. Je ne vois pas le jour où cela viendra.»

— Ludovic F.

*P*lusieurs couples éprouvent des difficultés financières. L'important consiste à reconnaître notre situation et à planifier ensemble afin de trouver des solutions.

Aujourd'hui, je décide de prendre mes finances en main. Je sais qu'en travaillant avec l'être cher, nous pourrons résoudre nos ennuis financiers.

CES PETITS GESTES AMOUREUX

«L'une des choses que j'aime de nous, c'est que depuis plus de vingt ans que nous sommes ensemble, nous continuons de poser ces petits gestes amoureux qui nous rapprochent. De temps en temps, il m'apporte des fleurs sans raison, juste pour me dire qu'il m'aime. Il me téléphone pour me dire qu'il m'aime et il m'invite à une sortie romantique. Lorsqu'il voit que je suis fatiguée, il s'offre à faire couler un bain et à me masser le dos. Il me regarde avec tendresse presqu'à tous les jours. Nous nous touchons encore beaucoup. J'aime lui faire des petits cadeaux surprise et lui préparer ses mets préférés. J'aime vanter ses talents, sans trop exagérer, lorsque nous sommes entre amis. Pour moi, ces petits gestes d'amour me rappellent que j'ai fait le bon choix et que je suis encore en amour avec lui vingt ans plus tard.»

— Christine C.

On oublie parfois de rendre hommage à l'amour par ces petits gestes qui disent «je t'aime». C'est si facile de toucher avec tendresse, de dire merci avec des fleurs, de célébrer notre amour en passant quelques heures de détente. Trop souvent on en vient à considérer notre relation de couple comme une chose acquise.

Aujourd'hui, je rends hommage à l'amour et je le démontre par de petits gestes.

LA JOIE D'ÊTRE CÉLIBATAIRE

«Mes amis célibataires tentent de me convaincre qu'ils sont heureux sans attache amoureuse. Ils prétendent pouvoir faire ce qu'ils veulent, quand ils le veulent. Ils n'ont pas d'obligation, n'ont pas à rendre de comptes et peuvent aller danser jusqu'aux petites heures du matin. Moi, je crois qu'il n'existe aucun mode de vie plus misérable, plus merdique que le célibat. Un célibataire est toujours aux prises avec l'ennui et la solitude. On ne se sent pas bien dans sa peau en situations sociales. Les gens autour de nous se demandent qui l'on est exactement et pourquoi on n'est pas marié. Je vous laisse à votre vie de célibataire. Moi j'ai choisi la stabilité, la constance et la chaleur de la vie de couple.»

— James W.

Aujourd'hui, je choisis la vie de couple.

SE FAIRE RESPECTER

«J'ai dû mettre des années à me faire respecter de mon mari. Il a été éduqué à la vieille école, alors que les femmes devaient se taire et être belles. Je voyais que malgré ces attitudes démodées, j'avais affaire à quelqu'un de bon et d'intelligent. J'ai pris le temps de lui enseigner à me respecter et à être à l'écoute des besoins véritables de notre couple. Aujourd'hui, je peux m'exprimer librement et il est à l'écoute de mes besoins. Je suis heureuse d'avoir ainsi patienté et je récolte les fruits de mes efforts.»

— Marie-Claude G.

Le respect est un élément essentiel de la relation de couple. Nous devons respecter les choix, le caractère et les aspirations de la personne qui partage notre vie. Et nous devons également nous faire respecter. Plusieurs personnes sont si préoccupées par le besoin d'amour et d'approbation qu'elles craignent de s'affirmer. Nous pouvons être aimés et respectés. Nous pouvons enseigner aux autres à nous respecter.

Le respect mutuel est essentiel dans un couple. Chacun doit pouvoir s'accorder l'espace et la possibilité de s'exprimer et de choisir. Cette question importe à tel point que l'absence de respect au sein du couple mènera assurément à la rupture ou à l'absence de communication véritable.

Aujourd'hui, je serai à l'écoute des besoins de l'être cher et je ferai en sorte que mes propres besoins soient respectés.

COLLABORER

«J'ai toujours pensé qu'il serait idéal de travailler avec ma conjointe à une entreprise commune. Je suis heureux de voir que j'ai été en mesure de créer ce contexte. Karole et moi oeuvrons ensemble tous les jours. Je partage tout avec elle et je ne me lasse jamais d'être en sa compagnie.»

— Marc A.

*T*ous s'accordent à dire qu'un couple doit cibler des buts communs. L'absence d'objectif commun peut facilement mener à l'isolement et à l'abandon du projet de couple. Il faut prendre garde de se réveiller un jour pour se rendre compte que l'on n'a plus rien en commun et que l'on ne se connaît plus. Aujourd'hui, hommes et femmes sont de plus en plus appelés à se réaliser par leur carrière et à écarter les valeurs familiales et la vie à deux. Bien qu'il ne soit pas donné à tous les couples de travailler ensemble, chacun peut former des projets communs afin de partager diverses expériences et apprendre à travailler ensemble.

Aujourd'hui, il me faut établir des buts et des projets communs avec l'être cher.

CHOISIR

«Durant les années 1970, tous voulaient vivre pleinement leurs émotions et leurs désirs d'aventure. Avec la montée du féminisme, je me suis persuadée que j'étais plus attirée envers les femmes que les hommes, que je pourrais être plus épanouie dans le cadre d'une relation avec une autre femme. Alors, j'ai mis fin à ma relation avec Jean-Bernard malgré le fait que nous avions deux jeunes enfants. Je me suis trouvée toutes sortes de raisons pour justifier mon départ et pour vivre mon expérience féministe jusqu'au bout. Mais après quelques années, je me suis rendu compte que vivre en couple avec une femme présentait les mêmes défis et les mêmes difficultés que vivre en couple avec un homme.»

— Nicole B.

Lorsqu'on vit en couple, on doit tenir compte de l'autre. Nos choix peuvent avoir une influence importante sur l'autre. On ne doit pas cesser d'agir mais on doit pouvoir mesurer avec plus de précision l'impact qu'auront nos choix sur l'autre. Avec le temps, on en vient à savoir ce que l'autre peut accepter ou pas. On en vient à savoir comment agir dans le meilleur intérêt de notre couple. Le premier choix consiste à être ensemble. Les autres choix découlent de ce premier et doivent renforcer cette décision fondamentale. Le couple offre un cadre privilégié car il est le premier endroit que l'on crée avec quelqu'un d'autre.

Aujourd'hui, je prends le temps d'évaluer l'impact de mes choix sur l'être cher et sur notre relation de couple.

LE ROMANTISME

«Le romantisme, c'est le champagne et les verres glacés de l'amour, c'est la magie qui nous fait danser un tango, le parfum dont on se souvient, la réalisation d'une fantaisie qui vous tient à coeur. Le romantisme, c'est l'antidote de la banalité, l'inspiration de la passion. Dès que vous laissez ces éléments s'infiltrer dans votre relation, vous l'élevez instantanément à un délicieux bien-être. Le romantisme fait que vous vous sentez belle, élégante; que la vie s'annonce pleine d'espoir; que la lune, les étoiles et les planètes vous inondent d'une lumière bénéfique et que vous croyez que tout vous est possible — vos rêves les plus doux, les plus osés et les plus chers se réaliseront certainement.»
— Daphne Rose Kingma

Aujourd'hui, j'accueille le romantisme à l'intérieur de mon couple. Je cherche les occasions d'exprimer la douceur et la profondeur de ma tendresse. Ces merveilleux moments de doux câlins serviront à renforcer nos liens et notre passion amoureuse.

LE SOUTIEN AFFECTIF

«Nul ne peut vivre qu'en fonction de lui-même. Des milliers de fibres nous lient à nos frères; parmi ces fibres, telles des liens de sympathie, nos actions se transmuent en causes et nous reviennent sous forme d'effets.»

- Herman Melville

Je peux accepter l'aide et le soutien affectif de l'être cher. Il est vrai que j'ai vécu des expériences qui m'ont porté à croire que l'aide et le soutien affectif sont des signes de faiblesse et mènent inévitablement à la trahison ou à l'exploitation. En réalité, il existe des êtres dignes de confiance et je peux accepter leur appui. Je suis disposé à recevoir l'aide de l'être cher, de la même façon que je suis disposé à offrir mon aide et mon soutien affectif.

Aujourd'hui, j'accepterai volontiers l'appui de l'être cher.

Vivre en couple, un jour à la fois

L e dicton *Un jour à la fois* est utilisé par les Alcooliques Anonymes qui ont reconnu que le rétablissement de l'alcoolisme se fait un jour à la fois et même, un moment à la fois. L'individu qui tente de se sevrer de l'alcool doit réussir à traverser une journée et ne pas tenter d'envisager sa vie entière sans alcool, car cette pensée risquerait d'être trop envahissante. Une journée sans alcool est une victoire, un pas de plus vers la sobriété et la maîtrise acquise sur cette puissante dépendance.

Cette philosophie peut aussi être utilisée lorsque l'on envisage la vie à deux. Si on commence à songer à vivre sa vie entière avec une même personne, face à tous les défis et les exigences, on peut trouver cette notion trop envahissante. On peut se dire: «Je suis avec toi aujourd'hui et je ferai de mon mieux pour que cette journée soit profitable et harmonieuse pour chacun de nous.» Nous pouvons trouver l'équilibre émotionnel et spirituel dans notre vie de tous les jours et, pour ce faire, nous devons partager notre vie et apprendre à aimer et à se laisser aimer. La notion de vivre en couple un jour à la fois peut nous aider à traverser les moments difficiles, en nous permettant de remporter chaque jour de petites victoires.

Aujourd'hui, je sais que je peux vivre une relation de couple épanouissante, un jour à la fois. Je peux réaliser tous mes objectifs de croissance personnelle en participant à une relation engagée.

S'ACCEPTER SANS RÉSERVE

«Je dois m'accepter progressivement comme je suis — sans cachette, sans déguisement, sans fausseté et sans rejet d'aucune facette de moi-même — et sans jugement, sans condamnation ou dénigrement d'aucune facette de moi-même.»

— Collectif

Afin de participer à une relation de couple engagée, il faut s'aimer et s'accepter sans réserve. La vie de couple nous présente une variété de défis qui éprouvent notre amour-propre et notre capacité de s'aimer soi-même et d'aimer les autres. La relation de couple fournit également un cadre à l'intérieur duquel deux personnes aimantes peuvent contribuer à l'estime de l'autre. En aimant l'autre sans réserve et sans idée préconçue, on peut l'aider à se forger une identité plus stable fondée sur l'amour-propre. Les petits gestes et les petits mots d'amour et d'approbation servent à renforcer la relation et l'estime de soi.

Aujourd'hui, je ferai de petits gestes d'amour qui renforceront l'estime de l'être cher.

JE PEUX M'OFFRIR
TOUTES LES BELLES CHOSES DE LA VIE.

«Un jour, je me suis rendu compte que je n'étais pas heureux dans ma vie de couple. Je sentais que je n'avais plus rien en commun avec cette femme qui partageait ma vie. Notre relation était devenue banale et superficielle. Et si au début je ressentais de l'amour véritable pour elle, à présent je n'en avais plus. Je lui ai alors confié mes sentiments, de façon un peu brutale. Anne a été bouleversée par mes révélations. À ma grande surprise, elle a voulu travailler avec moi afin que revive notre relation. Nous avons mis beaucoup de temps et d'efforts afin de nous retrouver, de nous redécouvrir vraiment. Aujourd'hui, je suis marié à la femme de ma vie.»
— Philippe B.

Nous avons tendance à imposer des limites à ce que nous pouvons obtenir ou pas. Ces limites finissent par faire naître un sentiment profond de carence. Cette attitude négative axée sur le fait de ne pas pouvoir obtenir telle ou telle chose, telle ou telle relation, vient miner notre capacité de profiter pleinement de la vie. Une relation de couple harmonieuse forme un élément essentiel d'une vie heureuse. Nous méritons une relation amoureuse qui nous donne du plaisir et nous apporte une satisfaction personnelle. Nous pouvons nous donner cette relation de couple, cette relation amoureuse fondée sur le partage, la compréhension et la collaboration.

Aujourd'hui, je vois que je peux avoir une relation de couple heureuse.

APPRENDRE DE SES ERREURS

«Nous étions mariés depuis plus de quinze ans lorsque j'ai décidé de prendre un amant. J'avais le sentiment que mon mari n'était plus intéressé à moi et que je vieillissais. Je m'étais convaincue qu'en ayant une aventure, je pourrais revitaliser notre couple et lui faire remarquer que j'existais. Tous cela a fini en queue de poisson et m'a coûté ma relation.»

— Irène de G.

Nous pouvons nous pardonner les erreurs du passé. Ce qui est passé est passé. Nous sommes ici, maintenant, avec tout l'avenir devant nous. Si nous traînons avec nous tout le bagage du passé, nous sommes moins libres d'agir et de créer. Alors, disons adieu aux erreurs du passé.

Nous sommes ici pour apprendre, pour grandir et pour faire l'expérience de la vie. Alors, nous devons accepter que les erreurs fassent partie de la vie. Lorsqu'on commet une erreur, on doit l'utiliser pour apprendre et pour réajuster le tir. Rien ne peut être accompli par la critique et la culpabilité.

Aujourd'hui, je sais que les erreurs du passé sont passées. Je puiserai de ces erreurs, des leçons utiles qui m'aideront dans mon cheminement de couple.

16 janvier

CONNAÎTRE TOUTES LES EXPÉRIENCES

«Avec Catherine, je peux connaître toutes les expériences. Parfois j'ai l'impression qu'elle me rend fou avec ses projets de création et ses idées originales. Mais tout cela rend la vie plus intéressante. Sans Catherine, ma vie serait un peu trop rangée. J'aime mieux côtoyer la folie avec elle que d'être un somnambule.»

— Jean-Pierre C.

*A*ujourd'hui, je suis ouvert à toutes les expériences avec l'être cher. Je sais que je n'ai rien à craindre ni rien à fuir et que je peux nous faire confiance sans réserve. Lorsqu'on est deux à faire face à la vie, on peut s'appuyer et se consoler l'un l'autre. Notre couple existe pour nous. Notre couple est une maison chaleureuse dans laquelle nous voulons affronter toutes les situations.

Aujourd'hui, je suis ouvert à toutes les expériences avec l'être cher.

LA LOYAUTÉ

«Pour moi, une relation de couple, c'est comme une équipe de hockey ou de football. On vient à la défense de nos coéquipiers en toutes situations. C'est l'équipe qui compte, car c'est ensemble qu'on peut gagner et même lorsqu'on ne gagne pas, on doit retourner ensemble dans le vestiaire après le match.»

— Alex G.

L a loyauté est un composant essentiel de la vie à deux. Lorsqu'on accepte d'entrer en relation, on accepte d'appuyer et de donner raison à l'autre. L'autre compte sur nous et nous comptons sur lui. Il n'existe aucune personne à l'extérieur du couple qui puisse motiver un engagement et une loyauté plus grands. Le couple est le premier pacte, le plus définitif et le plus total. L'être cher s'attend à ce que nous soyons là. Sans loyauté, le couple n'existe pas.

Aujourd'hui, je prête serment de loyauté envers l'être cher et ma relation de couple.

ÊTRE LÀ POUR L'AUTRE

«Tom est un gars extraordinaire. Il m'a sauvé la vie. Lorsque nous nous sommes rencontrés, j'ai su qu'il était l'homme de ma vie mais j'avais alors un problème de dépendance. Je réussissais encore à contrôler la situation mais je me rendais compte de mon problème. Tom était en amour avec moi et je sais qu'il ne cernait pas l'ampleur de mon problème d'alcool et de drogues. Je croyais que la stabilité du couple pourrait m'aider à résoudre le problème. Les premières années du mariage ont été très difficiles. J'oscillais entre la surconsommation et l'abstinence. Tom devint de plus en plus inquiet de voir que je ne réussissais pas à prendre le dessus. Lors de ma fausse couche, la situation s'est aggravée. Je suis tombée dans une déprime alcoolique sans fond. Pendant des semaines, Tom devait me ramasser et me traîner dans mon lit. Je bouffais des antidépresseurs comme du bonbon et je me gavais d'alcool pour oublier la veille. Tom a finalement mis son pied à terre. Il m'a conduite dans un centre de désintoxication et m'a dit que j'avais une seule et unique chance. Il ne vivrait pas avec une alcoolique-toxicomane. "Deviens sobre ou ne reviens plus à la maison." J'en ai bavé un coup dans ce centre, mais j'ai finalement pris le dessus. Je n'ai pas pris une goutte d'alcool ni un antidépresseur depuis ce temps. Il y a maintenant huit ans de cela. Aujourd'hui, nous avons deux beaux enfants et je suis fière de moi.»

— Johanne T.

Aujourd'hui, je suis fière de moi. Peu importe les faux pas du passé, je chemine vers un avenir meilleur.

LE POUVOIR DE NOS RÊVES

«Richard et moi avions imaginé prendre notre retraite à l'âge de 45 ans et faire le tour du monde en voilier. Nous avons nourri ce rêve pendant des années. Lorsque je suis devenue enceinte, ce projet est tombé à l'eau. Aujourd'hui, nous avons une belle famille et nous sommes heureux. J'aime vivre et rêver avec mon homme. Quoi qu'il advienne, nous serons ensemble.»

— Rachelle H.

La relation de couple est un rêve que l'on fait à deux. On rêve ensemble à l'avenir, à ce qu'on désire réaliser ensemble. Le rêve du couple en est un qui contient des aventures, une vie sexuelle satisfaisante, des progrès sur le plan matériel. Le rêve du couple inclut la famille, les enfants, la croissance personnelle et la maturité. Le rêve de la relation de couple se rêve à deux et se partage à tout moment.

Je peux te dire comment je vois notre avenir ensemble et tu peux faire de même. Ensemble, nous pourrons imaginer un avenir riche et vivant qui nous ressemble, nous inspire et nous propulse vers l'avant.

Aujourd'hui, je vis un rêve plus grand que moi: le rêve du couple. Ce rêve du couple contient nos aspirations, nos désirs et notre avenir ensemble.

LE CHEMIN DE L'AMOUR

«La route de l'amour est pavée de trous. Ce n'est pas une autoroute à quatre voies où le paysage défile à toute vitesse. C'est plutôt une petite route secondaire qui passe tranquillement par de magnifiques paysages; vous vous arrêtez de temps à autre pour faire un pique-nique, vous atteignez souvent votre destination en retard, et parfois vous vous demandez si cela valait vraiment la peine de se rendre jusque là.»

— Daphne Rose Kingma

On a parfois l'impression que certains ont la chance de vivre une relation de couple parfaite et que d'autres doivent connaître la souffrance et la peur. En réalité, toute relation de couple exige un travail d'amour. Parfois, ce travail est plus ardu et d'autres fois il est plus graduel. Évidemment, certains couples connaissent des difficultés profondes: absence de communication, violence conjugale, dépendance et toxicomanie. Le travail d'amour dans ces conditions est sans doute beaucoup plus ardu et exigeant que lorsque la vie est plus équilibrée. Mais tout est possible dans le contexte du couple car il est une zone d'amour, d'accueil et de guérison. Ensemble nous pouvons vaincre tous les obstacles. Ensemble nous pouvons transformer la vie.

Aujourd'hui, je parcours le chemin de l'amour avec l'être cher. Ce chemin est parfois cahoteux, parfois sinueux mais mène toujours vers la vérité profonde de l'amour.

LES RECETTES MAGIQUES

«Mon mari a commencé par me dire qu'il avait envie de faire l'amour avec d'autres femmes et qu'il ne se sentait pas bien dans sa peau. Nous avons décidé qu'il devrait chercher conseil auprès d'un psychologue. Après quelques mois de thérapie, il m'a annoncé qu'il me quittait pour sa thérapeute. Dix ans de vie commune en l'air! Je me suis posée la question à savoir si les psychologues avaient un code formel d'éthique et s'il existait des lois contre cette forme d'embuscade. Cette femme avait été embauchée pour nous aider!»

— Anne-Marie F.-P.

Il faut se méfier des recettes magiques concernant le couple. On peut toujours trouver quelques éléments de vérité dans les livres de psychologie pratique, mais ces vérités ne seront jamais suffisantes pour assurer la survie et le développement du couple. Le couple repose sur un accord entre deux êtres qui choisissent d'être ensemble et de créer leur vie de couple. Ils créent cette vie de couple comme ils savent le faire. Ils vivent leur vie de couple au jour le jour et en diverses circonstances. Un jour, pour une raison ou une autre, l'un d'eux peut décider de ne plus participer au couple et peu après, la relation meurt. Il n'existe pas de recette magique pour faire fonctionner et faire durer un couple. Il n'y a que deux individus qui sont convaincus qu'ils sont et resteront plus heureux ensemble.

Aujourd'hui, je renouvelle ma volonté de créer ma relation de couple à tout instant.

LE MARIAGE

«Je me rends compte que le mariage est un engagement à vie mais pas à n'importe quel prix. Je croyais que le destin avait tout prévu à ma place à cet égard. Je pensais qu'après avoir rencontré la bonne personne, je n'avais qu'à me laisser aller. Mais la vie m'a enseigné une autre leçon. Le mariage est quelque chose que l'on crée tous les jours, tous les deux. Chacun doit prendre ses responsabilités et assumer sa part du travail.»

— Daniel B.

Un facteur important détermine la valeur et la qualité d'un mariage: l'honnêteté. Le mariage est voué à l'échec lorsqu'on cache quelque chose ou qu'on ne partage pas ouvertement ses secrets avec l'autre. Les secrets, les mensonges et les infidélités ne peuvent pas exister au sein d'une union amoureuse. C'est aussi simple que cela. Une union amoureuse doit être vécue dans l'honnêteté et dans la transparence.

Aujourd'hui, je reconnais la valeur de l'honnêteté dans ma vie de couple.

JE SUIS ICI POUR AIMER ET POUR APPRENDRE.

«Après que les enfants eurent quitté la maison, notre vie de couple changea de façon dramatique. J'avais l'impression d'avoir mérité un repos, mais mon épouse Angèle avait une autre vision des choses. Elle voulait voyager, visiter des musées, participer à des activités de groupe. Au début, je n'étais vraiment pas d'accord et j'ai essayé de la tranquilliser. Hélas! mes efforts ont été vains et j'ai dû m'adapter à ce nouveau mode de vie plus actif. Aujourd'hui, je peux dire que j'adore notre vie ensemble. Je suis heureux qu'elle m'ait poussé (et parfois traîné!) à sortir de ma coquille.»

— Émile St-V.

Nous sommes venus ici pour aimer et pour apprendre. Voilà l'essence même de notre mission. Nous pouvons accomplir, en partie, cette mission fondamentale au sein de notre couple. Le relation de couple est un lieu dynamique et vivant. Le couple ne peut pas exister sans amour et sans changement. En sachant que nous sommes ici pour aimer et pour apprendre, nous sommes disposés à connaître toutes les expériences qu'il est possible de vivre au sein d'une relation amoureuse. La relation de couple nous met à l'épreuve, nous pousse à dépasser nos limites, à mieux comprendre l'être cher. Le couple nous oblige à grandir et à voir plus grand. Notre relation de couple nous oblige à faire face aux défis de l'amour sans prendre la fuite en avant.

Aujourd'hui, je vois que je suis ici pour aimer et pour apprendre. Je peux acquitter cette mission première au sein de ma relation de couple.

L'AMOUR ET SEULEMENT L'AMOUR

Selon le mot de l'auteur américain Rollo May, «l'amour est un acte de volonté». Au début de la relation de couple nous sommes pris par l'élan de l'amour passionnel qui mène au rapprochement et à la fusion. Avec le temps cette passion peut s'estomper et nous devons continuer à donner de l'élan et de la vigueur à notre couple. Le couple peut perdurer lorsqu'on choisit d'aimer, lorsqu'on décide chaque jour d'exprimer de l'admiration à celui ou celle qui partage notre vie. L'amour dans un couple n'est pas un sentiment, c'est plutôt l'engagement de s'aimer longtemps après l'élan printanier de la passion. Le couple est un contrat d'amour scellé entre deux êtres libres. Nous sommes libres d'aimer et de bâtir tous les jours.

Aujourd'hui, je vois que l'amour entre nous doit être alimenté tous les jours.

LA TENDRESSE

«Jacinthe a une voix très douce, féminine. Elle élève rarement le ton. Il doit se passer une chose absolument abominable pour qu'elle hausse la voix. Sa voix porte une sorte de tendresse qui me sécurise et me réconforte. C'est une femme douce et gracieuse. Elle bouge un peu comme un ange sur un nuage. Sa présence dans ma vie est comme une oasis de tendresse et d'amour. J'aime cette femme du plus profond de mon coeur.»

— Marcel L.

Le couple offre un cadre de tendresse, de sensualité et de romantisme. La présence de l'être cher nous permet de partager et de communiquer ensemble. Nous pouvons communiquer avec tendresse nos désirs et nos besoins les plus profonds, les plus intimes. La proximité et la confiance en l'autre permettent de se manifester sans réserve. Nous pouvons alors paraître avec toute notre vulnérabilité et tout notre désir.

Aujourd'hui, je communique avec tendresse et douceur. En agissant ainsi, je crée un contexte chaleureux et sécurisant qui favorise l'intimité et la libre expression de l'être cher.

LA RESPONSABILITÉ

«Nous nous levons à quatre heures du matin et nous travaillons dans notre café jusqu'à dix-sept heures tous les jours, sept jours par semaine, car nous devons servir le petit-déjeuner, le déjeuner et ensuite de légers casse-croûte. Ce n'est pas tout le monde qui pourrait faire ce genre de travail. Mon épouse et moi sommes en contact avec les gens toute la journée. Nous devons être rapides, courtois et accueillants envers les clients. Mais ni ma femme, ni moi échangerions cette vie. Nous sommes ensemble et heureux. J'aime savoir qu'elle est à mes côtés. Nous parlons et rions ensemble très souvent. Elle est ma meilleure amie et la seule qui me comprenne vraiment.»

— Bernard G.

L a responsabilité n'est pas un fardeau ou une épreuve. La responsabilité est plutôt notre capacité d'accepter, de recevoir et d'avoir. Au fur et à mesure que nous acceptons la pleine responsabilité de notre vie et de nos actions, notre confiance et notre maîtrise de notre propre vie augmentent.

Aujourd'hui, je vois que lorsque j'accepte d'être la source, le point d'origine de tout ce que je vis, je deviens responsable; alors, absolument rien ne m'échappe.

SE LAISSER AIMER

«Mes parents ont passé leur vie à se disputer. J'ai l'impression que ma mère passait son temps à crier et à casser la vaisselle par terre. Mon père l'envoyait promener, claquait la porte et allait rejoindre ses copains au bar du coin. J'ai pris très jeune la décision de pas vivre ce type de relation plus tard. J'ai choisi un homme avec qui je peux communiquer, un homme calme et réfléchi. Je ne veux rien connaître des disputes.»

— Pauline A.

Aujourd'hui, je prépare mon coeur à donner et à recevoir l'amour. J'ai toujours plus de facilité à aimer qu'à me laisser aimer. Il me semblait que, de cette façon, je pouvais conserver la maîtrise de la situation. Mais à présent, je m'aperçois que cette approche ne fonctionne pas.

Aujourd'hui, je prépare mon coeur à donner et à recevoir l'amour

LE COEUR GÉNÉREUX

«Ma mère était une sainte. Elle m'a montré ce qu'est l'amour et ce qu'est le don de soi. Lorsqu'elle est morte, j'ai senti que mon monde s'écroulait. Je crois que mon père a précipité sa mort par son égoïsme, ses aventures et son ivrognerie. Je lui en veux encore aujourd'hui de s'être montré aussi insensible et absent. Aujourd'hui, dans ma relation de couple, j'essaie d'être comme ma mère et j'évite d'être comme mon père. Ce n'est pas un plan de jeu parfait mais ça donne des résultats.»

— Richard P.

La bonté n'a rien à voir avec la peur de ne pas être aimé; elle est issue d'un coeur généreux. On ne démontre pas combien on est bon afin que tous le sachent. La bonté, l'amour et la générosité sont les instruments qui servent à améliorer notre état intrinsèque et notre relation par rapport aux autres. Ces petits outils n'existent pas à cause des souffrances et des problèmes multiples auxquels nous devons faire face. En réalité, ces qualités proviennent de notre bonté fondamentale. Nous sommes des êtres fondamentalement bons et nous voulons faire la bonne chose dans tous les contextes.

Aujourd'hui, je n'ai qu'à m'écouter pour entendre la raison.

LE PLAISIR

«Actuellement, il semble que nous possédons un besoin inné de modifier périodiquement l'état de notre conscience; que ce soit par nos rêveries quotidiennes, nos rires, les sports que nous pratiquons, les projets sur lesquels nous nous concentrons ou le simple fait de dormir. Un autre état modifié et aussi un grand besoin est intimement lié à cela: avoir du plaisir et s'amuser. De nombreux enfants provenant de familles dysfonctionnelles parviennent difficilement à se relaxer et à s'amuser. L'aptitude pour la spontanéité et le plaisir est un besoin et une caractéristique propres à l'Enfant intérieur.»

— Charles L. Whitfield

Nombreux sont ceux qui entretiennent la notion selon laquelle ils doivent toujours conserver leur sérieux, doublé du sentiment que la souffrance porte en elle une vertu spirituelle. On peut facilement établir une relation entre la croissance spirituelle et la souffrance. La souffrance devient en quelque sorte synonyme de noblesse. Mais nous devons voir que la souffrance n'est pas forcément porteuse de transformation et qu'elle ne mène pas nécessairement vers le bonheur et la sérénité.

Aujourd'hui, j'accueille toutes les expériences et je laisse une grande place à la joie et au plaisir. Je cherche les moments de jeux et de partage joyeux.

LES JEUX

«Ma vie était devenue une lutte perpétuelle pour la survie. Je sentais que les gens étaient généralement contre moi et tentaient intentionnellement ou inconsciemment de nuire à mon évolution. Il n'y avait pas vraiment de joie réelle mais seulement quelques moments de répit, ici et là, au cours de cette vie difficile qui était la mienne. J'avais l'impression d'être piégé. Un beau jour, je me suis rendu compte que ces pièges et cette impression provenaient de moi et vivaient en moi, non pas à l'extérieur de moi. J'avais créé des jeux et j'étais pris dans les pièges que j'avais moi-même dressés. Dès lors, j'ai complètement modifié ma capacité de concevoir la vie comme un jeu et de jouer le jeu.»

— Marc-André N.

La vie de couple peut être un jeu excitant, porteur de défis et de victoires ou un piège infernal dans lequel on tombe à deux. À nous de choisir. Lorsqu'on définit ensemble les règles du jeu et qu'on reste en communication avec son partenaire, toutes les barrières peuvent être franchies et la vie de couple devient un jeu intéressant.

Aujourd'hui, je fais sauter les barrières qui m'empêchent de voir notre relation comme un jeu palpitant.

LA FORCE DE NOS INTENTIONS

*N*ous avons parfois l'impression que l'accident ou la chance nous a réunis pour former un couple. Mais il y a toujours une intention bien précise derrière notre rencontre avec l'être cher. Avant même de rencontrer l'être cher, nous avons pris la décision de lui ouvrir notre coeur et notre vie. Nous n'avons pas choisi le premier venu, même si la rencontre est survenue rapidement et définitivement peu après que la décision fut prise. Nous sous-estimons souvent le pouvoir de nos décisions et de nos intentions.

Nous sommes ensemble non pas par magie ou par hasard. Nous sommes ensemble parce que nous avons décidé que cela serait ainsi. De la même façon, nous ne restons pas ensemble par dépit ou par habitude. Nous sommes ensemble car nous sommes persuadés que nous sommes plus heureux, plus sécurisés et plus fidèles à nous-mêmes en étant ensemble. Et cela est vrai. Et cela est bon.

Aujourd'hui, je comprends la force de mes intentions. J'ai décidé d'être avec l'être cher et je décide chaque jour de renforcer ma relation de couple.

GARDER SES DISTANCES

*A*près avoir participé à une relation de couple qui a dû inévitablement prendre fin, nous sommes parfois poussés à maintenir des contacts avec notre ancien partenaire. Les liens émotionnels qui soudent un couple peuvent être très puissants et très prenants. Du coup nous nous retrouvons seuls, sans la présence continue de l'autre. Même lorsque la relation s'est avérée tourmentée et pénible, nous pouvons éprouver de la difficulté à rompre définitivement les liens affectifs. Il vaut parfois mieux mettre fin à la relation de façon catégorique et renoncer à tout contact. Rompre définitivement une relation de couple peut s'avérer beaucoup plus difficile lorsque l'on entretient la garde partagée des enfants. Nous devons alors tenter de conserver des rapports superficiels et cordiaux en restreignant les échanges de nature intime et ou personnelle.

Aujourd'hui, je suis solidement ancré dans le présent et je contemple l'avenir.

REGARDER LES CHOSES EN FACE

«Pendant longtemps, j'ai refusé de voir les choses en face. Je pensais qu'en ignorant la situation, j'éviterais la confusion et le conflit. Ma relation de couple était terminée depuis plusieurs années mais je n'osais pas m'en rendre compte. J'aimais mon mode de vie et ne voulais pas me retrouver célibataire à 40 ans avec deux ados à ma charge. Mais la vie m'a forcée à regarder la situation en face lorsque mon mari m'a dit un jour qu'il voulait divorcer pour refaire sa vie avec une autre. J'aurais pu me réveiller avant et faire quelque chose mais je n'osais pas.»

— Jeanne L.

Il faut apprendre à regarder les choses en face. En regardant les choses et les situations en face, on peut mieux affronter nos difficultés et résoudre nos problèmes. En voyant les choses clairement, on peut agir logiquement jusqu'à l'aboutissement souhaité d'une situation. En apprenant à voir les choses telles qu'elles sont, on se renforce et on se libère de nos craintes. En confrontant les obstacles directement, on devient plus fort et moins dépendant de notre environnement et des diverses situations où la vie nous entraîne.

Aujourd'hui, je ne cherche pas à m'obstiner ou à m'imposer mais simplement à voir les choses telles qu'elles sont. Comme la noirceur qui ne résiste pas à la lumière, la vérité fait fondre le mensonge et la déception.

APRÈS LA GUERRE, LA PAIX!

«Nous nous disputions fréquemment à propos de tout et de rien. Un jour, nous avons eu une altercation qui mit fin à toutes les disputes. Je l'ai prise par le chignon du cou et je l'ai frappée contre le mur. J'en avais ma claque de ses plaintes incessantes et j'ai perdu le contrôle de moi. Lorsque j'ai vu la terreur dans ses yeux, je me suis ressaisi et j'ai retrouvé mon sang-froid. Je savais que j'étais allé trop loin. Cette expérience nous a profondément marqués car nous avons vu jusqu'où nous pouvions aller. Ce jour-là, nous avons fait le pacte solennel de ne plus nous laisser emporter par les émotions lors d'une dispute.»

— Arthur H.

Le couple n'est pas un champ de bataille où l'autre est l'ennemi. Le couple se doit d'être un terrain d'entraide. Cependant, nous savons tous que le stress de la vie quotidienne, des finances et de l'éducation des enfants peut exercer d'énormes pressions sur le couple. Il faut à tout prix découvrir des façons de communiquer ensemble. Lorsqu'on est en colère, on peut dire et faire des choses qu'on regrettera par la suite. La colère altère la nature et l'intensité de nos communications.

Aujourd'hui, je vois que la colère peut seulement miner ma relation de couple. Je ne me laisserai pas emporter par la colère. Je préfère me retirer et réfléchir avant d'agir.

LÂCHER PRISE N'EST PAS SE LAISSER ALLER.

«Lorsque nous avons fait maisonnée ensemble, les problèmes ont commencé à surgir. Pierre ne rangeait pas son linge, laissait la salle de bains en désordre et refusait de cuisiner. J'avais l'impression de jouer le rôle de la mère et je ne trouvais pas cela très amusant. Je passais mon temps à lui faire des reproches. Un beau jour, j'ai fait mes valises et je suis retournée chez mes parents. Je l'aimais mais je ne pouvais plus vivre ainsi. Deux semaines plus tard, Pierre me suppliait de revenir. C'est alors que j'ai pu définir avec lui les conditions élémentaires de notre vie commune. Depuis ce moment, Pierre participe vraiment aux tâches domestiques. Lorsque je vois qu'il retourne à ses vieilles habitudes, je lui rappelle que je peux toujours aller visiter mes parents pendant quelque temps.»

— Françoise S.

La vie de couple peut ressembler à une danse. En se formant une intention claire et en ayant une grande souplesse, on peut atteindre la plupart de ses objectifs. Dans une relation de couple, lâcher prise signifie abandonner un certain nombre d'idées préconçues et accepter de réinventer notre vie avec l'autre. Nul ne veux être dominé, contrôlé ou contraint à changer contre son gré. Cependant, on doit pouvoir être souple et s'ajuster aux exigences spécifiques de la vie à deux dans un cadre donné.

Aujourd'hui, je m'ajuste aux exigences spécifiques de ma relation de couple. Je perçois ma relation comme une danse harmonieuse.

L'HUMOUR

«Ce qui m'a séduit chez Michel lorsque nous nous sommes rencontrés, c'était son sens de l'humour. Il était toujours en mesure de voir le côté plus léger de chaque situation. Je me suis rendu compte que je passais beaucoup de temps à rire et à plaisanter avec lui. Il savait comment venir chercher ma complicité grâce à son sens de l'humour. Je me suis dit qu'une vie avec un type comme lui ne serait pas triste.»

— Sophie G.

On sous-estime parfois la valeur de l'humour et du rire dans la vie de couple. Lorsqu'on parle de relation de couple, on parle surtout d'engagement, de responsabilité, de vie sexuelle et de communication. Mais l'humour tient un rôle important car il s'agit d'une forme de jeu, de communication légère qui nous détend et rend la vie plus agréable. Pourquoi ne pas s'amuser ensemble en riant, en regardant le côté rigolo de chaque situation?

Aujourd'hui, j'ai envie de voir le côté plus léger de chaque situation. Je peux rire et m'amuser avec l'être cher.

VEILLER À LA PURETÉ DE NOTRE RELATION

«Mon copain Michel m'a fait comprendre quelque chose que je savais au fond de moi mais que je n'avais jamais articulé: pour vivre une relation de couple harmonieuse et durable on doit avoir les mains propres. Les secrets et les mensonges, même les plus anodins, vont éventuellement détruire une relation de couple. Pourtant beaucoup de gens entretiennent cette notion: ce qu'il ou elle ne sait pas ne peut pas lui faire de tort. Je sais maintenant que ce que l'autre ne sait pas, peut mettre un terme à la relation. Au début de la relation, il m'arrivait de faire des choses que je doutais qu'il approuverait. Je me disais qu'il valait mieux ne rien lui dire car il m'empêcherait de faire ces choses dont j'avais vraiment envie et que je méritais. J'ai usé de ce raisonnement jusqu'au point de lui être infidèle. J'étais prise dans un cercle vicieux de mensonges et de demi-vérités. Michel se doutait que quelque chose et, lorsqu'il a découvert la vérité, il m'a foutue à la porte. C'est à ce moment que je me suis rendue compte qu'en n'étant pas en communication, je m'étais enfoncée dans la confusion. J'ai dû travailler très fort pour me faire pardonner et pour qu'il accorde une deuxième chance à notre relation. Heureusement! il a vu que j'étais sincère et que je voulais vraiment changer. Aujourd'hui, je partage tout et lorsque j'ai un doute, je communique avec lui.»

— Carmen E.

Aujourd'hui, je sais que l'honnêteté et la transparence sont des éléments essentiels d'une bonne relation de couple.

LE COURAGE

«J'étais en relation avec Gilles depuis un peu plus d'un an lorsque nous avons appris qu'il avait la sclérose en plaques. Nous étions fiancés et sur le point de faire les arrangements pour le mariage. Nous avons été estomaqués et inquiets par cette découverte. Quelles seraient les manifestations spécifiques de cette maladie? Comment cette maladie allait-elle affecter notre couple? Est-ce que nos enfants seraient susceptibles de contracter cette maladie? Je me suis rapidement rendu compte qu'il n'y avait aucun remède à cette maladie du système nerveux et que Gilles allait éventuellement en être sérieusement affecté. Certaines personnes m'ont conseillé de mettre un terme à la relation pour mon propre bien, mais je l'aimais et je sentais qu'il était l'homme de ma vie. Après mûre réflexion, j'ai décidé de m'engager et de passer ma vie avec lui. Dès les premières années, nous avons connu des difficultés. Aujourd'hui, Gilles est très affecté par la sclérose qui l'empêche de marcher et de travailler. Nous passons souvent des moments difficiles, mais nous avons deux beaux enfants que nous adorons. J'ai le sentiment d'avoir été fidèle à moi-même et d'avoir rempli un devoir important. Je ne regrette rien.»

— Marie-France B.

Aujourd'hui, je serai fidèle envers moi-même et envers ceux que j'aime.

LA SOURCE RÉELLE DES PROBLÈMES

«Je me suis rendu compte que j'étais gay à l'âge de douze ans. J'ai passé au moins dix ans à nier que je n'avais aucune attirance envers les femmes. Durant ce temps, je sortais avec les filles et j'essayais de surmonter cette attirance que j'éprouvais envers les hommes. Je ne voulais pas être gay car je craignais de devenir marginalisé et d'être rejeté de ma famille. Ma vie a commencé lorsque je me suis admis ce qui était devenu évident. Entre l'âge de 22 ans et 30 ans, j'ai vécu de nombreuses relations amoureuses. Je cherchais cependant quelque chose de plus stable et plus engagé. Heureusement, j'ai rencontré Philippe qui avait les mêmes aspirations que moi. Nous sommes ensemble depuis ce temps et nous sommes heureux.»

— Michel-Francis D.

En reconnaissant la vérité, on peut identifier la source réelle de nos problèmes. En réalité, un problème fait surface lorsqu'il y a quelque chose qu'on ne peut pas affronter directement. En saisissant la nature fondamentale du problème, on peut le résoudre. Un problème contient toujours un élément que l'on refuse d'affronter.

Aujourd'hui, je recherche la vérité en tout.

LE DÉFI DU COUPLE

«Nous avons connu un stress important lors de l'arrivée de notre troisième enfant. Luc n'était pas un enfant planifié et les deux autres, qui avaient alors huit et dix ans, se sont sentis délaissés. Je ne voulais pas d'un troisième enfant, mais l'avortement était hors de question à cette époque. Luc était un enfant plus difficile qui ne faisait pas ses nuits. De plus, il avait plusieurs problèmes de santé. Du jour au lendemain, la vie était devenue une réelle corvée et mon mari semblait de moins en moins présent. Il passait de plus en plus de temps à l'extérieur et je me sentais vraiment seule et abandonnée. Lorsque notre couple a été mis a l'épreuve, j'ai vu la vraie nature de cet homme.»

— Jeannette P.

Le couple est un projet commun. Lorsqu'on accepte d'élever une famille, on relève un défi de taille. Il est possible d'élever une famille seul, mais la tâche est plus simple lorsque deux individus en possession de leurs moyens s'unissent à cette fin.

Aujourd'hui, je serai présent et à l'écoute des besoins de notre couple et de notre famille.

TENDRES PLAISIRS

«Il est important que nous nous rappelions que c'est l'amour, avant tout, qui nous unit; que c'est l'amour qui demeure lorsque la journée de travail est terminée. C'est à l'amour que nous revenons. Même lorsqu'il nous est impossible de profiter longuement d'une belle expérience d'amour, les baisers et les caresses, au moment de l'arrivée ou du départ, sont les symboles vivants des attentes de notre coeur et de notre désir d'être ensemble.»
— Daphne Rose Kingma

Nous oublions parfois qu'une relation de couple est renforcée par de petites choses: les câlins, les petites notes affectueuses, le sourire, une main sur l'épaule. Nous sommes persuadés que la qualité d'une relation se mesure en fonction de la communication, des rapports sexuels, de l'accumulation des biens et du rang social. Mais nous vivons dans le quotidien et ce sont les petites tendresses quotidiennes qui donnent au couple sa splendeur et sa valeur authentique. Lorsque l'on prend le temps de dire: «Je t'aime; as-tu bien dormi cette nuit mon amour? Est-ce que je peux faire telle ou telle chose pour toi?» Ces petits gestes amoureux nous donnent la certitude d'être avec la bonne personne, pour les bonnes raisons. Le couple se réalise dans le moment présent, dans la réalité de tous les jours.

Aujourd'hui, je vois que les petits gestes d'amour et de tendresse peuvent faire toute la différence.

AVOIR À TOUT PRIX RAISON

«J'en avais assez de toujours avoir tort. Selon lui, la raison pour laquelle tout allait mal c'était moi; j'étais la cause de toutes les misères du monde. Je lui ai dit que s'il avait besoin d'avoir raison à tout prix, il pouvait avoir raison tout seul!»

— Roberta B.

Aujourd'hui, j'ai la souplesse d'avoir ou pas raison. De façon ultime, je reconnais que je peux gagner une bataille mais perdre la guerre. Donc, j'observe bien chaque situation et je ne me laisse pas emporter par la nécessité d'avoir à tout prix raison.

LES PROJETS COMMUNS

«Il est vrai qu'un couple, c'est deux personnes qui regardent dans la même direction. Charles et moi avons vécu une expérience qui a profondément changé notre couple et notre vie tout entière. Nous avions déjà un garçon lorsque je suis devenue enceinte d'Émilie. La grossesse a été tout à fait normale mais Émilie est venue au monde avec une profonde déficience mentale. En prenant la décision d'élever Émilie, nous avons sous-estimé le travail et le dévouement qui seraient nécessaires. J'ai dû quitter mon emploi et me vouer à plein temps à l'éducation de notre fille. Après plusieurs mois à la maison, j'étais épuisée et je sentais que je ne faisais aucun progrès avec elle. Malgré l'aide de Charles, j'étais à bout de souffle. Nous avons sérieusement songé à placer Émilie dans un foyer d'accueil, mais une visite au foyer proposé par l'agence nous a convaincus que ce n'était pas la chose à faire. C'est à ce moment que Charles a proposé de laisser son emploi pour que nous puissions ouvrir un petit centre à la maison. Le gouvernement distribuait des subventions pour encourager ce genre d'entreprise. Aujourd'hui, nous travaillons ensemble et nous hébergeons quatre autres enfants comme Émilie. La vie n'est pas toujours facile mais nous sommes heureux et nous sommes ensemble.»

— Roxanne T.

Aujourd'hui, je demeure ouvert aux défis et aux aventures de la vie. Je sais que ma relation de couple sera appelée à changer et j'accueille ces changements à bras ouverts.

L'ENGAGEMENT DU MARIAGE

«De nos jours, près de 50 pour cent des mariages se terminent par un divorce. Le divorce est coûteux et très exigeant pour chacune des parties impliquées. Les causes de divorce semblent très variées. Alors, pour éviter le divorce et ses conséquences désastreuses, plusieurs couples choisissent de vivre ensemble sans se marier. J'ai moi-même fui le mariage pendant plusieurs années; j'évitais de prendre position. Je voyais quelque chose de menaçant dans ce geste officiel, un peu comme un voyage sans retour. On peut toujours trouver de bonnes raisons pour refuser de s'engager. Mais une fois que je fis le pas, je me rendis compte que mes craintes étaient sans fondement.»

— Guillaume P.

Le mariage a pour but de rendre publique et légale une union amoureuse. Il y a dans cet acte officiellement sanctionné un contrat qui s'établit entre deux personnes. Un contrat qui stipule que l'on restera ensemble malgré tout, aux beaux jours comme aux jours sombres, pour l'amour, pour la protection et pour la vie. Le mariage est une cérémonie qui nous permet d'affirmer de vive voix que nous avons l'intention de vivre et de grandir ensemble pour toute la vie. Le fait qu'il y ait des divorces et des disputes familiales n'est pas cause suffisante pour refuser de se marier si on s'aime vraiment et si on est vraiment intéressé à évoluer avec l'autre.

Aujourd'hui, je renouvelle mon engagement pour le meilleur et pour le pire.

UNE CÉLÉBRATION D'AMOUR

«Il existe, en chacun d'entre nous, un désir insatiable d'aimer et d'être aimé. L'amour que nous recherchons est beaucoup plus que la sensation euphorique des papillons dans l'estomac que provoque une nouvelle romance; c'est aussi la consolation ineffable d'être connu en son for intérieur, accepté et entouré de bons soins. C'est le sentiment profond de paix et de tranquillité d'esprit qui découle d'un rapprochement intime avec un autre être humain.»

— Daphne Rose Kingma

Aujourd'hui, je célèbre mon couple. En ouvrant mon coeur et mon esprit à l'amour et à la romance, j'ouvre ma vie à l'autre. Je veux créer un climat de chaleur et de passion aujourd'hui. J'allume les feux de la passion et de la tendresse et je lui fais voir à quel point il ou elle importe à mes yeux.

PARDONNER

«Lorsque j'ai découvert que Madeleine m'avait menti durant des mois, j'étais hors de moi. Elle avait amorcé une aventure quelques mois auparavant et j'ai constaté, après quelque temps, que quelque chose ne tournait pas rond. J'ai commencé à l'interroger et elle a continué à me mentir. Finalement, je lui ai tiré les vers du nez et elle m'a tout admis. Elle a rapidement mis fin à cette liaison et m'a demandé de la pardonner. Je voulais la punir pour le mal qu'elle m'avait fait mais je ne pouvais pas mettre fin à notre relation de couple. J'ai dû mettre des mois avant d'assimiler complètement la situation. Aujourd'hui je me rends compte que je n'étais pas présent dans notre couple. Madeleine était sans doute allée trop loin dans la manifestation de son ennui et de ses frustrations, mais j'avais une part de responsabilité. J'ai décidé de nous pardonner tous les deux et de recommencer à l'aimer de nouveau.»

— Steve L.

Aujourd'hui, je vois que la responsabilité se partage. J'ai toujours la possibilité de voir ma part de responsabilité dans une situation. En faisant ainsi, je peux mieux comprendre et mieux agir.

LE PLUS GRAND BIEN

«Heureusement, j'ai toujours su faire la différence entre le bien et le mal. J'ai toujours possédé à l'intérieur de moi, un sens profond qui m'indiquait l'action ou la piste juste. Je m'arrête pour écouter et suivre les conseils de ma sagesse intérieure. Parfois la vie me présente des choix difficiles à faire. Je dois choisir entre mon intérêt du moment ou une meilleure solution à long terme. Je sais que je peux prendre la meilleure décision en mettant en application mes principes et mes valeurs. Je peux écouter la récompense du moment et choisir en fonction du plus grand bien.»

— Isabelle C.

Chaque relation de couple a ses besoins et sa dynamique propres. Lorsqu'on entre en relation, il faut tenir compte de cette réalité dans nos choix. Si on se laisse constamment guider par ses impulsions du moment, on n'agit pas dans l'intérêt du plus grand bien. Il est possible de conserver son individualité tout en étant à l'écoute des besoins du couple.

Aujourd'hui, je sais que je peux conserver mon individualité et combler mes besoins tout en étant à l'écoute des besoins de l'être cher et de notre couple. Je peux choisir pour le plus grand bien sans compromettre mon individualité.

LA VIOLENCE CONJUGALE

«Vous n'avez pas connu l'enfer avant de connaître la violence conjugale. J'ai vécu sur cette galère pendant huit ans avec un mari ivrogne et violent et je peux vous dire que j'ai failli y laisser ma peau. Lorsque j'ai rencontré Max, c'était un beau bonhomme d'un mètre 80, aux cheveux noirs bouclés, musclé, au regard intense et passionné. Il était fort et franc et je suis tombée amoureuse de lui dès le premier regard. J'ai aimé cet homme à la folie. Malgré l'alcool et malgré la violence, je ne pouvais pas le quitter, j'étais trop amoureuse de lui. Avec le temps, l'amour et la passion se sont transformés en terreur. Les premières fois qu'il m'a frappée, il venait vite s'en excuser en disant que cela ne se reproduirait plus et qu'il ne savait pas ce qui l'avait fait s'emporter ainsi. Il m'offrait des cadeaux et faisait tout pour se faire pardonner. Avec le temps, la fréquence des épisodes augmenta et il chercha moins à se faire pardonner. J'étais devenue une femme battue, tabassée, vivant dans la terreur. Je n'osais pas le regarder de travers de peur de recevoir une baffe en pleine figure devant les enfants. Heureusement, il n'a jamais battu les enfants, car je l'aurais tué. J'ai fini par m'en sortir. J'ai dû fuir avec mes enfants pour sauver ma peau.»

— Pauline M.

Aujourd'hui, je sais que sans respect et sans admiration mutuels, la relation de couple ne peut pas survivre. Je ne serai pas le bouc émissaire du couple.

MON ARME SECRÈTE

«Mon mari adore ma cuisine. Il aime lorsque je cuisine pour lui. Je vois qu'il est heureux lorsque je lui prépare un délicieux pot-au-feu aux légumes avec un bon pain, arrosé de son vin préféré. On se connaît mieux maintenant; lorsque je me mets à cuisiner des petits plats et des gâteries, il sait que je me prépare à lui demander quelque chose qui me tient à coeur. Il sait qu'il ne pourra résister. Avant même que je lui demande, il me prend dans ses bras et me demande ce que je fabrique. Je sais qu'il s'agit d'une vieille méthode et que le chemin vers le coeur d'un homme passe par son estomac. Mais ce jeu nous rend heureux.»

— Jacqueline S.

Longtemps, les femmes ont senti, non sans raison, qu'elles avaient été exploitées. Elles devaient sortir des cuisines et trouver leur place dans la société. Nombreux sont les hommes qui se sont alors sentis dépourvus et sans recours. On peut maintenant remettre les pendules à l'heure et commencer à rebâtir les relations hommes-femmes et à redonner un nouveau souffle à la vie de couple. Chacun doit se préoccuper du bonheur et du bien-être de l'autre. Le couple existe pour créer un havre de paix et d'amour pour l'homme et pour la femme.

Aujourd'hui, je sais que je peux aimer et servir l'autre sans renoncer à ma liberté. Je peux accepter l'amour et les services de l'autre sans en éprouver de la culpabilité.

NOTRE VIE SEXUELLE

D e nos jours, nous entendons parler à profusion de sexe, de sexualité, de techniques sexuelles et de problèmes sexuels. L'industrie du sexe est en plein essor. On nous incite à croire que chacun doit avoir des relations sexuelles fréquentes afin de connaître l'épanouissement. Si nos pulsions sexuelles ne sont pas assouvies, nous courons le risque de devenir des pervers ou de devenir perturbés mentalement. La psychologie freudienne a servi à façonner une nouvelle réalité sexuelle, très présente et très complexe. Les sexologues, ces nouveaux gourous du sexe, proclament sans cesse la valeur thérapeutique de la sexualité. Nous vivons dans un monde axé sur la sexualité où chacun doit trouver sa place et son rôle. Cette survalorisation de l'activité sexuelle a un impact direct sur la vie du couple.

La relation de couple est le dernier sanctuaire. Là, deux êtres qui s'aiment et se respectent peuvent vivre leurs plus intimes désirs de la façon qu'ils l'entendent. La sexualité n'est qu'une facette du couple, pas plus ni moins importante que les autres aspects de la vie commune. La trop grande fixation sur l'importance, la fréquence, la qualité des rapports sexuels mène inévitablement à l'insatisfaction ou à la confusion.

Aujourd'hui, je suis heureux de connaître l'équilibre et la stabilité du couple. Je sais que je peux combler tous mes besoins grâce à notre relation.

LA JOIE DE L'AMOUR

*N*ous oublions parfois que l'amour doit être savouré. Nous pouvons savourer lorsque nous sommes là, dans le temps présent, ouverts et éveillés à ce que la vie nous apporte. Une vie de couple exige certes des efforts. Mais nous devons aussi prendre le temps de savourer cette relation. Il faut trouver des moments pour jouer ensemble, se détendre et être bien tout simplement. Lorsqu'on se rend compte qu'il est nécessaire de travailler et de fournir des efforts pour être bien ensemble, on s'éloigne de la vraie nature de la relation amoureuse.

Aujourd'hui, je prends le temps de savourer les moments passés avec l'être cher.

À L'INTÉRIEUR, IL FAIT CHAUD

«Je sais que durant le mois de février, beaucoup de gens souffrent d'ennui et de dépression. Nous avons trouvé une solution à la déprime de l'hiver. Nous partons toujours au moins une semaine vers le Sud durant ce mois. Cette semaine de vacances sert à nous revitaliser et à nous rapprocher. Nous passons nos journées à la mer à nous baigner et à bronzer. C'est une décision que nous avons prise aux premiers temps de notre vie de couple. Nous dépensons moins en cadeaux de Noël afin de faire les économies nécessaires. C'est un véritable tonique pour notre couple.»

— Marjolaine I.

L e mois de février est souvent difficile à passer. Durant ce mois, l'été nous semble encore très loin. Les gens portent l'hiver sur leur visage et la lumière se fait plus rare. La fatigue et le stress semblent l'emporter sur nous.

Aujourd'hui, je cherche à créer une oasis pour notre couple.

S'AIMER SOI-MÊME

«Que signifie s'aimer soi-même…? Cela veut dire se consacrer du temps à soi-même chaque jour. Se respecter. Se dorloter de temps en temps. Cela signifie découvrir ses propres talents et profiter de ce qui nous fait plaisir. Cela signifie défendre son point de vue quand on a la certitude que c'est nécessaire. C'est un processus quotidien par lequel on apprend à se connaître, à se montrer indulgent envers soi-même quand on se découvre de petits côtés moins agréables et, finalement, à prendre toutes les mesures de valorisation utiles à sa croissance personnelle. S'aimer soi-même sous-entend que l'on peut admettre ses faiblesses et savoir que, même si les choses n'ont pas toujours été faciles, on a fait de son mieux. Quand on s'aime et qu'on s'accepte tel que l'on est, on ne craint pas de grandir, d'apprendre et de changer. On se sent plein de vie et on a l'énergie nécessaire pour s'amuser en famille et prendre soin des siens. Vu que les enfants apprennent par l'exemple, les parents sont les mieux placés pour leur enseigner ce que signifie s'aimer soi-même.»

— Judy Ford

Aujourd'hui, je m'accepte tel que je suis et je n'ai pas peur de changer.

LA CONTINENCE PASSAGÈRE

«Lorsque j'ai démarré un commerce il y a cinq, j'ai connu un stress énorme. Nous y avions consacré toutes nos économies sans savoir si nous serions payés en retour. Au cours des deux premières années, j'ai abattu des semaines de 70 heures. Durant ce temps, Hélène s'occupait des enfants et s'acquittait de son boulot aux archives nationales. J'ai passé des nuits blanches à remuer de sombres pensées et à m'inquiéter du sort de mon commerce. Vous comprendrez que cela a affecté notre vie sexuelle. J'ai cru que nous avions passé trois mois sans nous toucher mais Hélène rectifia les chiffres: notre continence durait depuis près de sept mois. Entre-temps, Hélène n'a jamais perdu confiance en moi et elle a toujours continué de m'aimer.»

— François C.

Aujourd'hui, je serai la main tendre et chaleureuse pour l'être qui a choisi de partager sa vie avec moi.

LE PARTAGE DES RESPONSABILITÉS

«J'ai été vraiment surprise de constater la collaboration enthousiaste de Richard lors de l'arrivée de notre premier bébé. Il passait des heures à le dorloter, à le changer, à se lever pour le bercer lorsqu'il ne faisait pas toutes ses nuits. J'ai marié un gars qui aime les enfants. Quelle merveille! Quelle joie! Je craignais d'avoir épousé un gars typique qui accomplirait quelques trucs ici et là pour aider. Mais Richard en fait autant que moi. S'il avait pu allaiter, il l'aurait fait! J'ai vraiment le sentiment que nous partageons les responsabilités.»

— Marie L.-P.

Je vois maintenant que la responsabilité doit se partager. En regard de mon couple, je comprends l'importance du partage des responsabilités. Lorsque j'assume trop de responsabilités sans en déléguer une partie, je me sens surchargé. Inversement, lorsque je laisse ma partenaire assumer seule toutes les responsabilités, je sens que je ne contribue en rien au travail d'équipe ni à notre couple.

Aujourd'hui, je cherche à faire ma part et je travaille avec l'être cher pour établir le meilleur équilibre dans le partage des responsabilités.

LA VÉRITÉ DU MOMENT

«Si je suis incapable de laver la vaisselle avec plaisir ou si je désire en finir rapidement pour pouvoir reprendre ma place à table pour le dessert, je suis tout aussi incapable d'apprécier mon dessert! La fourchette à la main, je songe à la prochaine tâche qui m'attend et la texture et la saveur du dessert, ainsi que le plaisir d'en profiter, s'envolent. Je serai toujours entraînée dans le futur et je ne serai jamais capable de vivre le moment présent.»

— Thich Nhat Hanth

Une relation de couple se vit dans l'instant présent. Il est parfois difficile d'oublier le passé. On peut se reprocher les erreurs passées. Mais le passé est révolu. Il reste la réalité du présent et les possibilités. L'amour s'exprime un moment à la fois. La passion, la tendresse et le plaisir se vivent dans l'instant présent.

Aujourd'hui, je peux exprimer ce que je ressens et vivre pleinement chaque instant.

VIVRE AVEC UN PUR ÉTRANGER

«J'ai choisi d'être avec Pierre pour les mauvaises raisons: il avait un bon emploi, il conduisait une voiture sport, il avait du standing et se comportait avec assurance. À cette époque, je voulais bien paraître et j'étais persuadée qu'il pourrait m'offrir toutes les choses que je désirais. J'ai cru qu'il fallait choisir un homme qui réussirait sur le plan matériel. Je suis tombée enceinte peu après notre mariage. J'étais encore sous l'effet de mon fantasme initial et tout me semblait se dérouler comme dans le meilleur des mondes. Mais après quelques années, je me suis rendu compte que je n'avais absolument rien en commun avec ce type. Il se réfugiait dans le travail et me laissait seule. Lorsque j'essayais d'établir une communication ou de planifier des activités communes, il ne réagissait tout simplement pas. Il était ailleurs. Après la naissance de notre deuxième enfant, je me suis rendu compte que c'était inutile. Je lui ai fourni plusieurs fois l'occasion d'attester de mon existence et de formuler des projets communs, mais il semblait chaque fois absent. Il émettait parfois quelques balbutiements comme s'il comprenait et allait changer les choses pour le mieux. Mais rien ne changeait. Après cinq ans, je n'avais aucune idée de qui était ce type; je vivais avec un pur étranger!»

— Catherine V.

Aujourd'hui, je choisis la vie. Je choisis d'être en communication et en relation avec les êtres qui m'entourent. Je veux être en relation avec un être vivant, entier et présent.

LA DOMINATION DE L'AMOUR

*O*n voit comment, sous le prétexte de l'amour, les êtres cherchent à contrôler et à dominer. Les exemples de domination sont multiples: le mari qui cherche à dominer son épouse; la femme qui cherche à contrôler son compagnon; les parents qui veulent garder leurs enfants sous leur emprise; les parents qui deviennent les otages émotionnels de leurs enfants, etc. Évidemment, il ne s'agit pas d'amour mais de quelque chose de beaucoup plus voilé et mesquin. L'amour sert d'alibi pour camoufler les faiblesses et les dépendances affectives.

Cette forme de relation est troublante pour quelqu'un qui entend: «Je t'aime» mais qui doit subir des expériences douloureuses. Il peut en arriver à croire que l'amour doit être cruel, manipulateur et pénible. L'amour véritable est fondé sur la liberté, le respect et le désir sincère de contribuer au bonheur de l'autre. Nul ne doit accepter la domination au nom de l'amour.

Aujourd'hui, je refuse d'être dominé au nom de l'amour.

LE CHANGEMENT

D'aucuns prétendent que nous pouvons changer, nous transformer et vivre différemment. D'autres affirment qu'une fois formée, la personnalité d'un individu ne peut pas changer, à moins que l'individu ne connaisse une expérience traumatisante. Il y a un élément de vérité dans ces deux points de vue. Tout d'abord, la personnalité, l'identité, les comportements, les valeurs, les attitudes que l'individu adopte au cours de sa vie sont essentiellement le résultat de son apprentissage, de sa culture et de son tempérament. Ces choses peuvent changer. Mais l'être fondamental, l'être spirituel et véritable ne change pas, car il est, tout simplement. En termes très simples, le changement, c'est la découverte progressive ou précipitée de l'être véritable qui laisse place à l'abandon de ce qui n'était pas vrai, de ce qui n'était pas essentiel chez lui.

Lorsqu'on participe à une relation de couple véritable, on cherche à écarter ce qui n'est pas essentiel: les idées préconçues qui agissent comme des barrières à l'amour et à la communication; les comportements qui rendent la vie plus difficile et qui sèment la discorde entre les conjoints; les attitudes acquises qui ne nous aident pas à soutenir ou à apprécier l'autre. On se défait de tout ce qui n'est pas nous et on finit par se retrouver ensemble.

Aujourd'hui, j'accueille l'être que je suis véritablement et je me défais de tout ce qui n'est pas vraiment moi.

LE POUVOIR DE LA PROXIMITÉ

«Grâce à un processus d'osmose presque mystique, la proximité engendre la transformation. Nous tirons avantage de l'essence d'une autre personne par les possibilités que nous nous voyons réaliser uniquement en étant auprès d'elle; nous modifions certaines de nos façons d'être seulement et précisément parce que nous sommes en présence d'une autre personne.»

— Daphne Rose Kingma

Être en couple signifie «être ensemble». Le couple, par définition, implique la proximité, le rapprochement vers l'autre. Nous partageons notre intimité, notre espace vital et notre vie intérieure avec celui ou celle que nous avons choisi. Bien que cette proximité puisse varier d'un couple à l'autre, nous avons réduit la distance entre l'autre et nous. Cette proximité peut donner naissance à une forme de communication quasi télépathique et à l'empathie presque pure. Lorsque nous sommes vraiment proches nous pouvons sentir l'autre. Nous nous harmonisons à l'autre et, grâce à cet unisson, nous devenons plus semblables.

Aujourd'hui, je peux partager mon espace vital avec l'être cher et, ce faisant, nous pouvons vibrer ensemble à l'unisson.

LA SIMPLICITÉ DU COUPLE

«En accomplissant une tâche qui doit être faite et refaite, nous reconnaissons les cycles naturels de la croissance et de la détérioration, de la naissance et de la mort; ainsi, nous nous rendons compte de l'ordre dynamique de l'univers. Le travail "simple", c'est celui qui reste en harmonie avec l'ordre que nous percevons dans l'environnement naturel.»

— Fritjof Capra

I l y a une forme de simplicité inhérente à la relation de couple, quelque chose de naturel et de bien en soi. J'aime l'autre et je cherche à m'en rapprocher. Je vois que la vie est meilleure à ses côtés et je cherche à renforcer et à préserver cette relation. Tout le reste est surplus.

Aujourd'hui, je laisse les théories complexes aux autres. Je vis selon mon propre chef. J'écoute mon coeur et je cherche la simplicité au sein de mon couple.

LA VIE APRÈS LA VIE

«Lorsque Jeanne a quitté notre monde, j'ai mis beaucoup de temps à m'en remettre. Je n'acceptais pas qu'elle soit partie avant moi. Je voulais mourir dans l'espoir de la rejoindre quelque part dans l'au-delà. Je m'ennuyais comme un fou. La vie n'avait plus de saveur, ni de couleur. C'est là que je me suis aperçu à quel point cette femme faisait partie de moi. Je me sentais vide en dedans et je la voyais partout. Environ un mois après sa mort, j'ai rêvé à elle. Elle me disait qu'elle était bien et qu'elle demeurait près de moi. Je me suis réveillé et je sentais sa présence dans la chambre. Je lui ai dit à quel point je l'aimais et combien elle me manquait.»

— Marc-André D.

Au fond de nous-mêmes, nous savons que la vie matérielle n'est pas tout. Nous sommes des esprits qui empruntons, pour quelque temps, un corps physique. Nous vivons cette expérience terrestre et nous tissons des liens. Ces liens persistent au-delà de la vie matérielle. Lorsque nous nous investissons vraiment dans notre relation de couple, nous rejoignons l'être authentique et nous traversons des océans de temps et de lumière pour aller à sa rencontre.

Aujourd'hui, je vois que la vie matérielle n'est qu'une partie de la réalité.

NOTRE CODE MORAL

«Ce que j'aime en elle, c'est que je peux lui faire entièrement confiance. Michelle est une femme de principe. Lorsqu'elle donne sa parole, on sait qu'elle la tiendra. C'est grâce à elle que j'ai appris l'importance d'un code moral solide. J'ai vu à quel point je peux lui faire confiance. Ses attitudes et ses comportements m'ont fait voir qu'on devient plus serein et plus solide lorsqu'on met en pratique des principes de vie fondamentaux. Et je crois que c'est pour cette raison que notre vie de couple est harmonieuse et transparente. Nous n'avons rien à nous cacher et nous pouvons toujours compter sur l'autre.»

— Jean G.

Nous devons prendre conscience de l'importance des valeurs de notre vie de tous les jours. Ces valeurs peuvent reposer sur des vérités qui nous ont toujours bien servis. Si on désire vraiment être heureux, il faut vivre selon des principes solides et agir avec constance. Ces règles de comportement et ces valeurs peuvent être très simples. Elles doivent orienter nos décisions et nos actions et nous permettre de vivre en harmonie avec nous-mêmes et avec autrui. Notre code moral doit être élaboré à partir de nos expériences, de nos observations et de notre propre vérité.

Aujourd'hui, je vois que mes valeurs me permettent de me frayer un chemin qui va de la noirceur du Mal vers la lumière du Bien.

Deux âmes

*L*a relation de couple est un contrat. Ensemble, nous devons définir les paramètres de notre relation, les conditions de satisfaction, les règles du jeu. Ensemble, nous devons former un terrain commun qui soit plus grand que notre terrain individuel. Si je change, ces transformations influeront sur ma relation et auront un impact sur la vie de l'autre. Si l'autre change, ma vie sera transformée par ces changements en raison de ma proximité. Je dois pouvoir respecter le cheminement et l'individualité de l'autre et lui demander de respecter mon individualité et mes droits.

Aujourd'hui, j'accepte de grandir avec quelqu'un. Je choisis de partager ma vie en sachant que mes actions ont un impact sur nos vies. J'accepte de laisser l'autre grandir et évoluer à l'intérieur de notre relation. Je décide de maintenir la communication, quoi qu'il advienne.

DIRE LA VÉRITÉ

«... vous connaîtrez la vérité et la vérité fera de vous des hommes libres.»

— Jean, 8 : 32

Dire la vérité signifie parler de choses vraies, ouvrir son coeur et parler de choses qui nous préoccupent vraiment, franchir les barrières de la communication pour partager ce que nous sommes vraiment et ce que nous désirons le plus profondément. Un couple ne peut vraiment vivre qu'avec la vérité. Le mensonge et les retenues viennent à saborder la relation du couple parce que le couple nous réclame entièrement. L'union de couple ne peut pas vivre dans le mensonge car l'autre est trop près de nous pour ne pas détecter subtilement ce mensonge. Dire la vérité demande parfois un grand courage, particulièrement lorsque nous avons commis des actes répréhensibles ou trahit la confiance que l'autre nous portait. Mais la seule façon de s'en sortir consiste à dire la vérité.

Aujourd'hui, je vois que la vérité peut, seule, me libérer de mes tourments intérieurs et me permettre d'accepter et de pardonner.

JE SUIS L'ARCHITECTE
DE MES RAPPORTS HUMAINS.

«Ma relation de couple n'a commencé à vraiment bien aller qu'au moment où j'ai décidé de m'engager vraiment. J'avais toujours craint de dire "Oui, je serai là jusqu'au bout". Je craignais de me sentir prisonnière. Je crois que nous aurions mieux évolué ensemble si j'avais pris cette position bien avant. Heureusement! Gérard a été patient. Il ne m'a pas trop bousculée. Il m'a tout simplement fait voir que nous étions heureux ensemble.»

— Nathalie S.

Nous sommes les auteurs de notre vie. En acceptant les choses et les problèmes qui se présentent comme étant le fait de notre responsabilité, nous affirmissons notre emprise sur la vie et sur notre destin. Être responsable ne signifie pas qu'il faille assumer le fardeau de l'incompétence ou de l'irresponsabilité des autres. Être responsable signifie plutôt se rendre compte que nous sommes la source de tout ce que nous vivons.

Nous sommes aussi les architectes de notre vie affective et de notre vie de couple. Nous décidons ou non de nous investir dans une relation à deux. Nous choisissons d'être ou pas en communication. Nous pouvons demeurer ouverts d'esprit, capables de dialogue lorsque les choses ne vont pas à notre façon. Nous acceptons de fonder et de bâtir une relation de couple. Nous sommes donc à la source de cette relation.

Aujourd'hui, je vois que je suis à la source de ma relation de couple.

FAIRE AMENDE HONORABLE

«Si j'ai causé du tort à qui que ce soit dans le passé (peu importe comment je crois que cet acte était justifié), je dois l'admettre d'une façon désintéressée et éventuellement en faire amende honorable et/ou effectuer un remboursement là où je le peux. Le plus tôt je pourrai le faire sincèrement et honnêtement, le plus tôt je serai libéré de l'accumulation de culpabilité que je transportais inconsciemment à travers toutes ces années.»

— Collectif

I l est très difficile de vivre dans ce monde sans faire d'erreurs, sans causer de tort aux autres, sans abandonner ses propres principes. Mais en partant avec l'intention de faire le bien et que l'on est en mesure de reconnaître ses erreurs, on peut se corriger et s'ajuster à la vie.

Aujourd'hui, j'accepte de faire amende honorable lorsque je commets une erreur. Je suis en mesure de faire un examen de conscience judicieux et d'admettre mes torts.

L'AMOUR SEMBLE PARFOIS CRUEL.

Notre société nous présente des notions un peu trop fleur bleue sur l'amour. On nous a fait comprendre que l'amour arrange tout et que, si on aime suffisamment, on peut vaincre tous les obstacles. Mais l'amour ne doit pas être aveugle. Lorsqu'on aime vraiment, on doit être en mesure de faire les bonnes choses et parfois de mettre de côté les émotions. Lorsqu'une personne que l'on aime se fait du mal ou est engagée dans une voie destructrice, on doit être en mesure d'aimer avec fermeté et détachement sans se laisser piéger par la situation. L'amour consiste en ces beaux sentiments de tendresse et d'affinité, mais c'est aussi le détachement et la puissance de nos convictions qui se manifestent dans nos rapports avec l'être cher.

Aujourd'hui, j'aime avec discernement et fermeté. Je ne me laisse pas emporter dans un torrent d'émotions qui me rendraient victime de mon amour. J'écoute, je regarde, je reste éveillé à la vérité et je ne recule pas devant mes engagements et mes responsabilités.

LE LIEN ULTIME

Nous sommes venus sur terre pour apprendre et pour aimer. Pour accomplir ce destin terrestre, nous devons entrer en communication avec l'autre. La forme de communication la plus riche, la plus soutenue et la plus généreuse se réalise à l'intérieur d'un couple. Me voilà ici sur terre, pendant quelques instants. Je ne dois pas laisser filer ces parcelles de temps entre mes mains sans avoir accompli ma mission. Voilà un autre être spirituel qui a sa propre mission, qui me tend la main et qui m'invite à faire un bout de chemin. Comment pourrais-je refuser d'aider cet être qui me ressemble et me laisser aider par lui?

Aujourd'hui, je sais qu'ensemble nous pouvons accomplir notre devoir céleste en parcourant ce bout de chemin main dans la main.

LA VASTE RÉALITÉ DE L'AMOUR

«Avec lui, j'ai le profond sentiment de remplir ma mission d'amour. Je l'aime de tout mon être. J'aimerais mieux mourir que de le voir souffrir.»
— Pauline de R.

Un problème réside dans le fait que nous employons le mot amour pour décrire une vaste gamme d'expériences comme l'amour romantique, l'affection, l'engagement familial, etc. Certes, elles sont toutes des manifestations de l'amour. Mais l'amour est une réalité beaucoup plus vaste qui s'approche de la divinité. Lorsqu'on choisit de se donner entièrement à l'amour, on se livre à une force supérieure. Cette force, cette puissance de l'amour, est la manifestation profonde et l'étoffe même de la spiritualité.

Aujourd'hui, je vois que lorsque je choisis l'amour, je m'harmonise avec mon être véritable et je retrouve ma sérénité.

SE LAISSER AIMER

«En demandant ce dont vous avez besoin, vous révélez votre fragilité humaine et vous invitez la personne que vous aimez à partager la sienne. La réaction à une demande formulée accorde non seulement à la personne qui a besoin d'aide le plaisir de voir son besoin comblé, mais apporte aussi à celle qui donne le sentiment qu'elle est efficace et qu'elle sait donner du bonheur. En de tels moments, vous avez tous les deux l'occasion de partager votre amour et votre humanité.»

— Daphne Rose Kingma

La vulnérabilité ne nous a pas toujours semblé une qualité souhaitable. On sait que lorsqu'on est vulnérable on peut être blessé. On expose ainsi ses limites et ses faiblesses et on peut être victime des actions de l'autre. Plusieurs d'entre nous ont appris à ne pas être vulnérables. Mais il y a une autre facette à la vulnérabilité: la capacité de demander de l'aide et de l'amour et la possibilité d'en recevoir. En ce sens, la vulnérabilité prend l'allure de l'ouverture et de la réceptivité.

Aujourd'hui, je prépare mon coeur à donner et à recevoir l'amour.

COMMENT RÉPARER UN COEUR BRISÉ?

R ares sont ceux qui n'ont pas vécu au moins une grande déception amoureuse. Ces échecs amoureux nous marquent profondément. On peut rester accroché à cette peine pendant des mois, parfois des années. Et lorsque, finalement, notre coeur commence à se desserrer, on aime craintivement, de peur de connaître à nouveau cette profonde douleur. Nous nous rendons compte qu'une peine d'amour ressemble beaucoup au deuil subséquent au décès d'un proche parent ou d'un conjoint. La rupture amoureuse éveille en nous des sentiments d'échec, d'abandon, de deuil, de colère et de déni, qui peuvent être très envahissants. Cette peine est accentuée lorsqu'on est rejeté par l'autre car la perte de l'estime de soi rend ces émotions encore plus violentes.

La guérison d'un coeur brisé ne passe pas par une nouvelle relation, le rétablissement de l'ancienne flamme, le temps, une thérapie, les pleurs ou encore moins les tranquillisants. Ces actions n'ont pas vraiment d'effet bénéfique, bien qu'elles puissent soulager la douleur et combler le vide pendant un certain temps. Le seul remède pour un coeur brisé consiste à grandir, à évoluer, à regarder droit devant soi et foncer vers l'avant. On doit chercher à devenir plus grand que la douleur et la perte. On doit cesser de se bercer d'illusions par rapport aux relations amoureuses et accepter que tout change et que nul ne peut nous apporter le bonheur. Il faut sortir et aller chercher son propre bonheur, sa propre version du bonheur.

Aujourd'hui, je sais que le bonheur existe pour moi aussi.

LA SEXUALITÉ

*L*a sexualité entraîne énormément de confusion et de difficultés chez l'être humain. L'être spirituel n'a pas de sexualité propre, il ne peut que l'éprouver. Mais le corps est mû par des besoins et des pulsions que l'être doit comprendre et accepter. Il existe des comportements qui contribuent à la croissance et à l'épanouissement de l'être, il en est d'autres qui contribuent à sa déchéance et à la confusion. En s'écoutant, on peut agir avec sagesse.

Aujourd'hui, je sais que la sexualité appartient au couple. Je peux vivre une sexualité saine et épanouissante au sein d'une relation amoureuse et engagée. À l'extérieur du couple, le sexe devient une forme d'asservissement. Je refuse d'accepter qu'il soit normal et acceptable de voir de la pornographie et de la dégradation sexuelle à tous les coins de rue. Lorsque l'être accorde une place trop importante au sexe, à l'acte sexuel, il atrophie son propre développement.

Aujourd'hui, je suis à l'écoute de ma sagesse intérieure.

À VOUS POUR TOUJOURS

«Vous ne perdez jamais réellement une personne que vous avez aimée. Peu importe ce qui peut vous séparer — le temps, la distance, les relations qui ont précédé ou qui peuvent suivre une relation particulière, ou même la mort — l'amour que vous avez partagé et l'âme que vous avez rencontrée grâce à cet amour seront pour toujours dans votre coeur, dans ce que vous êtes, dans votre façon d'aimer.»

— Daphne Rose Kingma

*T*ant de gens craignent de perdre l'amour. Tant de gens craignent de se retrouver seuls, abandonnés et sans amour. Ils sentent au fond d'eux qu'ils doivent manipuler, séduire ou menacer pour conserver auprès d'eux l'être cher. Ces peurs les incitent à agir de façon à protéger ce qu'ils ont acquis. C'est hélas! vrai, l'amour peut un jour s'envoler. Oui, nous pouvons être rejetés ou perdre l'âme soeur. Mais la victoire est dans l'amour. Personne ne peut nous enlever l'amour que nous avons donné, l'amour que nous avons éprouvé. L'autre demeure vivant à jamais dans notre coeur et dans notre expérience.

Aujourd'hui, je sais que l'amour vit dans mon coeur.

LA PUISSANCE DU SOURIRE

«J'ai fait l'expérience de sourire à des gens que je rencontrais sur mon passage. À ma grande surprise, tous répondaient à ce sourire. Je me suis interrogée afin de comprendre pourquoi des inconnus réagissaient à cette chose si intime qu'est le sourire. Je crois avoir trouvé la réponse: l'être cherche à établir des liens et il attend, porte ouverte, pour manifester sa bienveillance.»

— Louise H.-B.

L e sourire est un outil de communication extrêmement puissant. Il signale notre désir de communiquer et nos bonnes intentions. Un sourire authentique est une main tendue, un pont qui permet à l'autre de traverser pour venir me rejoindre.

Aujourd'hui, je reconnais la puissance du sourire et je souris pour vaincre l'isolement et pour forger des liens d'amitié et de compassion.

ÊTRE UN MODÈLE

«Vous devez être le changement que vous voulez voir dans le monde.»
— le mahatma Gandhi

Nous oublions parfois que nous sommes tous des modèles. Les gens qui nous entourent nous regardent et peuvent trouver une forme d'inspiration dans la façon que nous nous comportons et dans les choix que nous faisons. Nous influençons les autres. Nos attitudes et nos comportements influent sur les gens qui nous entourent. De la même façon, nous servons de modèle à l'être cher et à ceux que nous aimons. Si nous voulons vivre de façon harmonieuse et sereine, nous devons intégrer ces valeurs dans nos attitudes et nos comportements de tous les jours. Si nous voulons vivre une relation de couple dynamique et aventurière, nous devons être dynamiques et aventuriers dans nos démarches.

Aujourd'hui, je sais que je suis un modèle pour l'être cher. Je peux commencer à construire la relation que je désire en mettant en application les principes et les valeurs qui nous dirigent vers la scène idéale.

LE PIÈGE

«*Lorsque Antoine m'a embauchée à titre d'adjointe, j'avais 21 ans. Je sentais qu'il était attiré envers moi, mais il était marié et je croyais que je n'aurais aucun problème. C'était un patron fantastique. Nous riions souvent ensemble et il me donnait beaucoup de latitude. Bientôt, je me suis rendue compte qu'il me désirait et que je le désirais. En travaillant ensemble, jour après jour, nous étions devenus amoureux l'un de l'autre. Nous avons donc commencé à nous fréquenter en dehors du bureau. Je savais que cela était dangereux mais je ne pouvais pas m'en empêcher. Je l'aimais follement et il me promettait qu'il allait mettre fin à son mariage pour être avec moi, qu'il voulait seulement choisir le bon moment pour tout confesser à sa femme et pour entamer les procédures de divorce. Notre liaison amoureuse s'est poursuivie ainsi pendant deux années. Lorsque je suis tombée enceinte de lui, je l'ai supplié de rompre son autre relation et de s'engager avec moi. Mais pour lui les choses n'étaient pas aussi simples. Il s'était rendu compte qu'en quittant sa femme, il allait tout perdre et qu'il allait devoir lui verser une généreuse pension alimentaire. J'ai décidé de garder l'enfant mais j'ai quitté mon emploi. Aujourd'hui, j'ai réussi à refaire ma vie avec un autre homme mais j'aurais pu m'épargner beaucoup de soucis si j'avais choisi de me tenir loin du mari d'une autre.*»

— Marie-Claude S.

Aujourd'hui, je sais que les erreurs du passé sont derrière moi. Je peux me pardonner, vivre le moment présent et envisager l'avenir.

DEMANDER PARDON

«Nier sa responsabilité quand on a causé du tort à quelqu'un ne peut que renforcer le sentiment de culpabilité. Le meilleur moyen de se soulager, c'est d'endosser la faute de ses actes, de demander pardon et de réparer les dommages causés.»
— Sharon Wegscheider-Cruse

O n peut croire que l'on n'a pas à présenter ses excuses ni à réparer les torts causés à l'être aimé. On peut croire que l'amour pardonne tout ou que l'autre nous acceptera tel qu'on est, même lorsqu'on commet des erreurs. Cependant, notre conjoint est celui qui, de toutes nos relations, mérite le plus grand respect. Il est notre meilleur allié et notre plus grand ami. Lui faire du tort, c'est se faire du tort à soi-même et au couple. Il importe d'autant plus de tenter de se racheter.

Aujourd'hui, je sais que je suis un être formidable mais un être humain. En acceptant la responsabilité de mes erreurs et, si cela est nécessaire, en demandant pardon pour les torts que j'ai causés, je garde la voie de mon développement libre d'obstacles et de culpabilité.

PRENDRE LE TEMPS DE S'AIMER

*«Je passe beaucoup de temps avec mon épouse.
J'aime être avec elle. Elle est ma meilleure amie.
Lorsque nous sommes ensemble, je me sens bien et
je sais qu'elle est heureuse. Nous pouvons passer
des jours, des semaines et des mois ensemble en
nous voyant matin, midi et soir. Nous ne nous
lassons jamais d'être ensemble. J'ai l'impression
que chaque minute est précieuse et, si j'avais le
choix de faire ce qui me plaît, je choisirais d'être
avec Carole. Nous sommes sur la même longueur
d'onde. Nous communiquons par télépathie. J'ai
parfois l'impression que nous formons une seule
personne. Pourtant, je suis un gars très actif, à la
forte personnalité et je n'ai jamais besoin de qui
que ce soit pour me sentir bien.»*

— Marc A.

**Aujourd'hui, j'investis mon temps dans ma
relation de couple. L'effort réside dans le fait de
communiquer avec l'autre, d'une façon ou de
l'autre.**

LES PLAISIRS DE L'ÂME

«Je prends le temps de découvrir les plaisirs simples avec mon copain. Je surnomme ces plaisirs quotidiens "les plaisirs de l'âme" car ce sont des activités qui nourrissent l'être et font surgir en nous l'amour de la vie. "Les plaisirs de l'âme", c'est regarder un coucher de soleil à deux, déguster un bon repas ou travailler dans le potager ensemble. On peut se balader parmi les fleurs du jardin, aller au cinéma ou écouter de la musique classique. Ces simples plaisirs nous permettent d'être ensemble en toute quiétude et de redécouvrir l'harmonie de la vie à deux.»

— Éric T.

Nous sommes responsables de notre bonheur au quotidien. Nous pouvons prendre le temps de nous ressourcer et de nourrir notre couple.

Aujourd'hui, je prends le temps de m'arrêter pour humer le parfum des roses, écouter le chant des oiseaux et regarder les enfants qui s'amusent si librement juste à mes côtés.

IL N'EST JAMAIS TROP TARD POUR AIMER.

«Je suis un peu gênée d'admettre que j'habitais encore chez mes parents à 34 ans. J'avais complètement abandonné l'idée de vivre en couple. Tous mes frères et soeurs étaient mariés et je me disais que je serais le bâton de vieillesse de mes parents. Pendant plusieurs années, je n'ai connu aucune relation amoureuse. Je passais mes soirées à lire et à m'occuper de mes parents. Un beau jour, j'ai fait la connaissance de Jean-Paul qui venait d'accepter un poste où je travaillais. Il était simple, gentil et souriant. Bientôt, je me suis rendu compte que j'avais hâte d'arriver au travail le matin pour le revoir. Jean-Paul était divorcé et avait deux enfants à sa charge. Lorsque nous avons commencé à nous fréquenter, plusieurs m'ont dit de me méfier car il recherchait probablement une mère pour ses enfants. Mais je sentais que c'était un homme bon et que son intérêt pour moi était sincère. Malgré toutes ces années de méfiance et de réclusion, je suis tombée amoureuse de lui. C'est sans doute la meilleure chose qui a pu se produire dans ma vie. Je sais maintenant qu'il n'est jamais trop tard pour trouver l'amour de sa vie.»

— Bernadette F.-L.

Aujourd'hui, je comprends que l'amour n'est pas chose précipitée. Il prend racine et il grandit.

PROTÉGER NOS ENFANTS

«En tant que parents, nous voulons protéger nos enfants contre toutes les souffrances et toutes les injustices de la vie. C'est évidemment impossible, mais ce que nous pouvons faire, c'est créer un environnement où les enfants sont en sécurité physiquement, affectivement et spirituellement. Et nous réussirons d'autant mieux à les protéger si nous pensons que tous les enfants du monde sont sous notre responsabilité.»

— Judy Ford

Tous les enfants ont besoin de savoir qu'ils sont aimés et en sécurité. Il n'est pas facile d'être un enfant. Leur petite taille et leurs moyens plus limités les rendent plus dépendants et vulnérables. Nous devons tous participer à la création d'un contexte sécurisant pour les enfants de ce monde.

Aujourd'hui, j'accepte ma responsabilité face à mes enfants et à tous les enfants.

L'AMOUR VÉRITABLE

«L'amour véritable est beaucoup plus qu'un sentiment, une sensation, beaucoup plus qu'un inter-
lude magique d'ivresse émotionnelle qui nous
envahit lorsque la pleine lune n'est plus qu'un
petit quartier. L'amour est une gamme de comportements, d'attitudes, de connaissances dont la
pratique crée et maintient l'état que nous appelons
l'amour. C'est une dimension sous forme de relation qui satisfait, vivifie et guérit, mais c'est aussi
le produit d'un effort complexe. À vrai dire,
l'amour est un "travail d'amour" qui ne se manifeste qu'au moment où nous nous rendons compte
qu'en plus d'être un cadeau, c'est toute une entreprise!»

— Daphne Rose Kingma

**Je prends conscience du "travail d'amour" que
je dois accomplir en ce monde.**

LES DÉPENDANCES ET LA VIE DE COUPLE

«Au début de notre relation, nous avons eu beaucoup de plaisir. Georges aimait sortir et prendre un verre et j'aimais l'accompagner. Nous étions jeunes et pleins d'énergie et d'envies. Je croyais avoir mis la main sur le bon numéro. Georges était affable, drôle et bon danseur. Les filles du quartier m'enviaient d'avoir trouvé un homme aussi beau et charmant. J'étais vraiment fière de moi. Mais, peu après notre mariage, je me suis rendu compte qu'il aimait prendre un verre. Ce n'était pas le fait de consommer de l'alcool qui me choquait, c'est qu'il buvait jusqu'à se rendre ivre mort presque chaque fois. J'ai marié un alcoolique et j'ai beaucoup souffert de cet homme à cause de sa maladie. Je ne peux plus compter les fois où j'ai été humiliée en public lorsqu'il s'emportait, les crises de colère que j'ai subies, les mensonges que j'ai entendus. L'alcool et la vie de couple, comme plusieurs le savent, ne font pas un heureux mélange.»

— Louise H.

Les stupéfiants, l'alcool et le jeu font des ravages dans notre société. Les gens aux prises avec ces dépendances ne peuvent pas entretenir une relation de couple équilibrée et normale. Déjà, la vie de couple exige un travail d'amour assidu. Comment peut-on accomplir ce travail si l'on est aux prises avec une telle dépendance?

Aujourd'hui, je reste éveillé et je ne me livre pas aux comportements et aux attitudes qui peuvent m'entraîner dans une forme de dépendance.

Les lettres d'amour

«J'aime recevoir des lettres d'amour de mon mari. C'est drôle, nous vivons ensemble depuis près de quarante ans, nous nous voyons tous les jours et il m'envoie encore des lettres d'amour. Il m'écrit des poèmes et me dit que je suis la plus belle fleur du jardin. Il sait que je suis encore en amour avec lui peut-être parce qu'il m'aime encore et se comporte comme un jeune homme amoureux à l'âge de 60 ans. Lorsque je reçois une de ses lettres par la poste, il fait comme si de rien n'était. Je lui dis que je viens de recevoir une lettre d'amour parfumée à l'eau de Cologne. "Pas une autre lettre cochonne de ton amant", s'écrit-il en riant. Et lorsque je la lis, je me sens transportée par ses mots vers les jours où nous nous sommes rencontrés et où nous sommes tombés amoureux. J'aime mon vieux car il a conservé son coeur de jeune homme.»

— Henriette C.

Une lettre d'amour ne prend que quelques minutes à écrire mais peut donner un plaisir énorme à l'être qui la reçoit.

Aujourd'hui, je prendrai quelques minutes pour écrire des mots d'amour à l'être cher.

ÊTRE GENTIL À LA MAISON

«Je crois parfois que mon épouse a une double personnalité. Elle est gentille et affable avec les voisins, ses collègues de travail et le boucher, mais à la maison, elle ramène un vilain caractère. Je l'ai vue nous engueuler comme du poisson pourri et ensuite répondre au téléphone en étant charmante comme une princesse. Je lui ai dit qu'elle devrait inverser les rôles: gueuler au bureau et ramener sa bonne humeur à la maison.»

— Pierre L.

Bien qu'il soit important d'être gentil et courtois dans nos rapports avec autrui, nous devons aussi établir un contexte harmonieux au sein du couple. On estime qu'une fois à la maison on peut être soi-même et faire abstraction des convenances de la vie en société. Ce principe peut être porté à l'extrême lorsqu'on dit tout ce qui nous passe par la tête ou qu'on gueule pour s'entendre gueuler. Les hommes ont particulièrement tendance à se laisser emporter à la maison. Ils y règnent en maîtres et rois et se croient permis de dire ce qu'ils veulent sur le ton qui leur plaît. Les gens bruyants et tapageurs n'apprécient guère quand on leur dit qu'ils parlent trop fort et qu'ils jurent trop. Ils deviennent encore plus colériques et intransigeants. Lorsqu'on vit avec ce genre de personne, il faut réagir et définir les bornes, à défaut de quoi la vie quotidienne est constamment perturbée.

Aujourd'hui, je vois que la courtoisie débute à la maison. Ma relation de couple ne peut pas survivre à la colère et la dispute, alors j'adapte mes comportements en conséquence.

SE SENTIR SEUL

«J'ai abandonné depuis longtemps l'idée de fonder un couple. J'ai maintenant quarante-deux ans et je n'ai pas eu de rapports amoureux depuis une dizaine d'années. Lorsque je me regarde dans la glace, j'ai l'impression de devenir de jour en jour une grand-mère sympathique. J'ai mon travail, que j'aurais abandonné sans hésitation en échange d'une vie à deux. Je n'aime pas affronter la dure réalité mais les hommes ne deviennent pas amoureux de moi. Je suis celle qui passe ses week-ends seule à attendre que le téléphone sonne, mais il ne sonne pas. Je suis celle que personne n'invitait à danser lors des fêtes. J'ai envie de dire ceci à tous ceux qui ont vécu une rupture amoureuse: Consolez-vous mes chers amis car vous avez été aimés et vous le serez sans doute encore. Vous ne connaîtrez jamais la vraie solitude et l'angoisse de n'avoir jamais été choisis. Moi, je vis ce cauchemar tous les jours. Je connais la vraie solitude. Jusqu'à l'âge de 40 ans, j'essayais encore de me rendre intéressante, d'attirer l'attention et de soulever le désir de quelqu'un. Depuis deux ans, je n'en ai plus envie. J'accepte mon sort de vieille fille.»

— Johanne B.

Aujourd'hui, je ne crois pas qu'il faille désespérer côté coeur. Après tout, n'est-il pas vrai que: «L'amour vient à qui sait attendre»?

CESSER DE CRIER

«Cessez de crier! Crier après ses enfants ou son conjoint ajoute de la tension dans l'air, de mauvaises vibrations autour de la maison et du bruit dans la tête. Ce n'est pas une bonne idée. Il ne faut pas non plus prêcher, gronder, sermonner ou pontifier. Arrêtez de toujours réciter la même litanie et de faire des reproches. Cessez toute critique, directe ou déguisée. Ne grondez pas, ne faites pas de menaces, ne criez pas, n'injuriez pas. Pour certains d'entre nous, cela est plus facile à dire qu'à faire. Nous avons grandi au sein de familles où l'on criait et hurlait, où l'on blâmait, où l'on se moquait les uns des autres, alors il paraît presque naturel de le faire.»

— Judy Ford

On accomplit très peu en se fâchant, en gueulant ou en utilisant une approche agressive. L'agressivité peut avoir un effet de soulagement immédiat parce qu'elle nous permet d'exprimer notre colère, mais son effet est presque toujours négatif. La gentillesse, l'écoute et l'humour sont les éléments essentiels de la communication et de l'échange.

Aujourd'hui, je sais que je peux obtenir la collaboration et le soutien de l'être cher en faisant preuve de gentillesse et de compréhension.

LA RESPONSABILITÉ DÉCOULANT DE L'AMOUR

L'amour sous-entend une grande part de responsabilité. Lorsqu'on aime quelqu'un, on l'accueille dans la sphère de notre intimité. On lui demande en retour de nous ouvrir la porte de la sienne. On doit pouvoir respecter, protéger et appuyer cet être. On doit respecter son individualité et ses besoins propres et lui inspirer le respect de notre être. Il faut faire montre d'une ouverture telle que l'on puisse, par notre propre exemple, lui enseigner comment aimer. L'amour et l'amitié impliquent une grande part de responsabilité envers soi-même et envers l'autre. Cette responsabilité peut parfois être plus difficile à supporter mais elle est la source même de l'engagement et de l'appartenance.

Tout change lorsqu'on a, grâce à l'amour ou à l'amitié, apprivoisé l'autre. En raison de notre proximité et de notre influence, on peut aider ou nuire, renforcer ou blesser, libérer ou dominer.

Aujourd'hui, je comprends que l'amour implique une grande part de responsabilité et je cherche à renforcer les liens d'amour et d'amitié en étant conscient et responsable.

SORTIR AFIN D'EXPLORER

«J'ignore ce qui s'est opéré en moi lorsque j'ai commencé à vivre avec Diane. Avant le début de notre relation, je sortais, je faisais plein d'activités et j'avais plein d'amis. Mais après quelques années ensemble, je me suis rendu compte que je ne sortais plus. J'avais délaissé tous mes amis et je n'avais plus de centres d'intérêt à part bricoler au sous-sol, regarder la télé et tondre la pelouse le samedi. Je crois que je me suis laissé aller au confort et à la sécurité du couple. Je sentais que tous mes besoins étaient comblés et je ne désirais rien sinon rentrer chez moi le soir pour me reposer.»

— Michel C.

Le couple peut facilement devenir une forme d'échappatoire. Voilà un endroit où on peut être totalement décontracté et en sécurité. Mais la chaleur et la sécurité du couple peuvent finir par nous trahir à la fin. Chaque individu doit s'épanouir. Chaque individu doit sortir de la maisonnée pour aller se découvrir et pour découvrir le monde. Sans stimulation et sans défi, l'individu et le couple tendent à s'atrophier et à perdre son importance. Nous pouvons profiter de la chaleur et de la sécurité du couple en le considérant comme une base en vue de faire face aux défis de la vie.

Aujourd'hui, je ne me réfugie pas dans ma relation de couple. Je l'utilise comme un tremplin qui me propulse vers l'avant.

LES COMPLIMENTS

C hacun a tôt ou tard besoin d'une forme de renforcement positif. Nous ne réagissons pas bien à la punition ou aux menaces. Si l'on cherche à établir une relation durable fondée sur l'amour et le respect mutuel, il faut apprendre à reconnaître la valeur de l'autre. Chaque être possède une grande valeur. Chaque être cherche à apporter sa contribution positive à son environnement. Si nous voulons favoriser les attitudes et les comportements constructifs, nous devons complimenter l'autre. Les conjoints en viennent hélas! trop souvent à se considérer comme s'ils étaient acquis et à passer sous silence les marques de bienveillance qu'ils reçoivent au quotidien.

Aujourd'hui, je sais qu'en disant «merci» et en reconnaissant la contribution de l'être cher, je contribue à la vitalité et à la croissance de notre relation.

L'ENGAGEMENT

«Il refuse de s'engager. Chaque fois que je parle de mariage, il me dit qu'il ne se sent pas prêt et qu'il n'apprécie pas cette pression. Il ne veut pas compromettre ce que nous avons déjà pour une cérémonie religieuse démodée.»

— Christiane V.

*D*ans un couple, l'idéal serait de manifester clairement nos intentions et ensuite de passer à l'action afin qu'elles prennent forme. Malheureusement, plusieurs se font des idées préconçues ou erronées à propos de l'engagement et du mariage. Ils croient qu'une fois engagés, ils cesseront d'être libres et se sentiront pris au piège avec la même personne pendant le reste de leur vie. Cette idée préconçue est fausse car, lorsqu'on s'engage vraiment dans une relation, on devient réellement libre, libre de vivre en toute sécurité, libre des pensées et des attitudes qui nous éloignent du couple, libre de bâtir un jour à la fois.

Lorsque nous nous trouvons face à quelqu'un qui ne désire pas s'engager, nous devons chercher à déterminer si l'absence d'engagement naît de notions erronées qui peuvent être éclaircies ou de l'absence de l'individu. Si celui-ci est absent, il vaut mieux mettre fin à la relation et trouver quelqu'un qui désire vraiment être à nos côtés.

Aujourd'hui, je m'engage dans la relation de ma vie. Sans ma présence engagée, ma relation de couple ne pourra pas progresser.

LE TRAVAIL D'ÉQUIPE

«*Je vois la vie de couple comme un travail d'équipe. Nous collaborons ensemble en fonction de buts communs. Chacun a son rôle et ses fonctions au sein de l'équipe. Mon travail est aussi essentiel et aussi important que le travail de ma conjointe. Nous travaillons ensemble, donc nous sommes en constante communication, dans une forme de symbiose coopérative. Le travail d'équipe nous permet d'obtenir de meilleurs résultats que le travail individuel. Il existe plus de puissance et plus d'énergie dans une équipe que chez un seul individu.*»

— Thomas W.

Aujourd'hui, je travaille en équipe avec l'être cher. Je sais qu'en travaillant ensemble, nous allons vaincre tous les obstacles et atteindre nos buts communs.

LA BELLE-FAMILLE

«J'ai connu une enfance difficile. Mes parents se sont séparés alors que j'avais six ans et je n'ai jamais eu de vie familiale normale. J'ai passé une bonne partie de ma vie d'enfant et d'ado au pensionnat du Lycée. J'ai toujours senti qu'il me manquait quelque chose dans la vie, jusqu'au moment où j'ai rencontré Séverine. Ma relation avec elle m'a donné une famille. Sa famille m'a accueilli comme si j'en avais toujours fait partie. Ses parents m'aiment comme leur fils. Ses frères me considèrent comme leur frère. Je ne me sens plus seul à présent car je fais partie d'une famille.»

— André-Pierre P.

Aujourd'hui, je comprends l'importance des liens familiaux. Je désire faire partie de quelque chose de plus grand. Je veux trouver ma place parmi les autres. Je trouverai donc ma famille d'appartenance.

LA PUISSANCE DE L'AMOUR

«Un jour, lorsque nous aurons dompté les vents, les océans, les marées et la gravité, nous devrons exploiter l'énergie de l'amour. Alors, pour la seconde fois dans l'histoire du monde, l'Homme aura découvert le feu.»

— Teilhard de Chardin

L'amour n'est pas un sentiment comme tel, bien que l'on puisse ressentir de la tendresse et une affinité envers quelqu'un. L'amour, c'est autre chose. L'amour émane de notre propre volonté d'aimer, d'un choix fondamental qui définit notre relation avec les êtres et avec la vie. L'amour est une disposition qui résulte de ce choix. Je choisis l'amour. Je choisis d'être une personne aimante. Et en choisissant l'amour, je transforme ma vie, je transforme mon regard et je transforme mes actions.

C'est mon amour pour l'autre qui solidifie notre union. Je sais que je choisis d'aimer, d'être là et d'être bienveillant. Je fais ces choix tous les jours. Je suis en couple par choix et non par dépit. Je choisis d'être en couple parce que j'aime ma conjointe, j'aime ma vie avec elle et ce choix m'aide à m'aimer et à me respecter.

Aujourd'hui, je choisis l'amour. Je vois que je peux être un instrument de l'amour à l'intérieur de notre couple.

VIEILLIR ENSEMBLE

«J'aurai quarante ans dans quelques semaines. On dit que quarante, c'est un chiffre significatif. Pour la première fois, on se rend compte qu'on est en train de prendre de l'âge. La jeunesse est terminée. Pour moi, avoir quarante ans n'est pas inquiétant. J'ai accompli ce que je voulais accomplir sur le plan professionnel. Je fais un boulot que j'adore. Mais mieux encore, je suis en amour avec ma femme. Je sais qu'elle m'aime et qu'elle m'accepte sans réserve. Je peux vieillir car je sais que je vieillirai avec elle.»

— Serge M.

Aujourd'hui, je découvre que j'ai toujours l'âge d'aimer.

LA SENSUALITÉ

«La sensualité nous permet d'exprimer nos émotions sous une forme physique. Le corps sait, il pressent et enseigne de manière éloquente et directe. Lorsque nous sommes tous deux touchés d'une même manière, lorsque l'amour physique nous transporte dans la grâce et l'extase, nous sommes mus sans mot dire vers une intégration des corps et de l'esprit qui pose un baume sur toutes nos blessures.»

— Daphne Rose Kingma

La sensualité, le toucher et l'amour physique appartiennent au couple car ce sont les manifestations tangibles de notre désir d'union. L'amour physique est une activité prenante. Seule la relation de couple peut utiliser de façon constructive les forces enivrantes de l'amour physique. De l'amour physique naît la famille et le désir d'être ensemble. Certains diront que le sexe et la sensualité appartiennent à quiconque et dans n'importe quel contexte. Voilà le problème! Lorsque l'amour physique perd sa vraie raison, il trouve sa manifestation dans une multitude de formes perverses et lointaines. On constate combien la sexualité en dehors d'une relation de couple engagée ne mène qu'à la confusion et à l'abrutissement.

Aujourd'hui, je toucherai l'être cher avec mes mains, avec mon corps et avec mon coeur.

LES TÂCHES COMMUNES

«Beaucoup d'hommes ignorent que la vie à deux est ponctuée de tâches communes. L'entretien domestique, la socialisation des enfants, la cuisine et les emplettes. Mon mari a l'impression que ses tâches au sein de notre couple se résument à tondre la pelouse deux fois par mois et à sortir les poubelles. Je travaille sans cesse, mais il ne le voit pas. Il se contente de croire que les tâches communes sont des tâches de femme. Il reproduit le même scénario que dans sa famille, alors que sa mère travaillait sans arrêt toute la journée. Mais moi, j'ai un travail de 9 à 5 et, lorsque je rentre à la maison, je suis fatiguée. Il va devoir changer car je n'en peux plus. Je suis au bout de mes forces.»

— Marie-Anne D.

Aujourd'hui, les anciens stéréotypes touchant le couple doivent être écartés. Cette relation est un lieu de négociation et de renégociation. Il fut un temps où la femme pouvait rester à la maison et s'occuper des enfants et des tâches ménagères. Maintenant, afin de subvenir aux besoins matériels du couple et de la famille, les conjoints doivent intégrer leur place sur le marché du travail. L'on ne doit pas présumer qu'une femme peut tout faire sans l'aide de son conjoint. L'homme doit assumer la pleine responsabilité de ce nouveau contexte s'il désire vivre heureux et en harmonie avec sa femme.

Aujourd'hui, je sais que la santé et la vitalité du couple reposent sur le partage des tâches communes.

LE PLAISIR

«J'ai longtemps cru que je devais conserver mon sérieux. Même lorsque j'étais enfant, je n'avais pas souvent l'occasion de vraiment m'amuser librement et de rire aux éclats. J'ai dû assumer très jeune des responsabilités et la vie m'a paru sérieuse et souvent même sombre. Je me demandais comment les autres enfants pouvaient s'amuser et rire aussi librement. À présent, je sais que je peux me laisser aller aux plaisirs du jeu et de la distraction. J'ai appris à m'amuser lorsque j'ai rencontré mon ami Jean. Il parvenait à se laisser vivre et à avoir du plaisir dans la plupart des circonstances. Sa joie de vivre a été contagieuse. Aujourd'hui, avec lui, je peux rire et m'amuser comme un enfant.»

— Robert L.

Aujourd'hui, j'accueille toutes les expériences et je fais une grande place à la joie et au plaisir. Je recherche les moments de jeu et de partage joyeux.

POUR LE MEILLEUR ET POUR LE PIRE

*E*nsemble nous sommes plus forts, plus en sûreté et plus en mesure de réaliser des choses. La relation de couple peut nous offrir sécurité financière, stabilité émotionnelle et plaisir. Mais lorsque notre partenaire souffre d'une maladie ou traverse une période difficile, notre relation de couple nous demande amour inconditionnel, patience et compassion. Nous sommes ensemble pour le meilleur et pour le pire. Nous sommes ensemble lorsqu'il fait beau et lorsque les nuages gris pointent à l'horizon. Lorsque nous formons un couple, nous espérons «le meilleur». Nous devons cependant savoir que la vie est remplie de défis et de barrières à surmonter et nous devons leur faire face avec dignité et courage.

Aujourd'hui, je suis en couple pour le meilleur et pour le pire. J'ai suffisamment d'amour et de courage pour surmonter tous les obstacles.

CHAQUE JOUR REDÉCOUVRIR L'AUTRE

«Je suis avec Linda depuis plusieurs années et j'ai l'impression de la redécouvrir à chaque jour. Elle m'étonne et m'émerveille. Je la regarde et j'ai le sentiment de l'observer pour la première fois. Elle est si belle et si vivante. J'ai envie de la croquer. Au début de notre union, je craignais de me lasser de la vie de couple après quelques années. Le contraire s'est produit. Je suis de plus en plus amoureux d'elle. Je la vois évoluer auprès de moi et je sens que je suis en présence d'un être sublime et lumineux. Je ne sais pas ce que j'ai pu faire dans une vie antérieure pour la mériter, mais je dois avoir accompli quelque chose de très bien.»

— Charles T.

Aujourd'hui, je m'émerveille de la personne avec qui je partage ma vie.

Découvrir ses besoins

«*Vous avez donc intérêt à découvrir quels sont vos besoins et à trouver les mots pour les formuler. À mesure que se révéleront leur ampleur, leur contenu, ainsi que les privations, les pertes, la fragilité et les talents auxquels ils sont associés, apparaîtra sous vos yeux une espèce de radiographie de vous-même. Vous verrez de quoi vous êtes fait, de quoi vous avez vraiment besoin, et quelle serait votre joie si vos besoins étaient comblés.*»

— Daphne Rose Kingma

Aujourd'hui, je découvre mes besoins et au fur et à mesure que je les découvre et je les partage avec l'être cher.

L'ADMIRATION

L'admiration est un sentiment de joie et une forme d'épanouissement que l'on ressent face à quelque chose ou à quelqu'un que l'on juge beau ou grand. Il est possible pour nous de développer cette faculté face aux gens qui partagent notre vie. Nous pouvons cultiver notre admiration et nous en servir dans tous nos rapports. L'admiration est noble et nous élève au-delà du mépris, de la haine et des conflits.

L'admiration est un sentiment qui peut transformer une relation de couple. Lorsqu'on décide de regarder l'être qui partage notre vie avec admiration, nos rapports sont immédiatement transformés.

Aujourd'hui, je cultive l'admiration envers l'être aimé.

Lorsqu'on est jeune

«Ma vie avec Céline a passé si vite. Il me semble qu'hier nous étions jeunes, pleins d'enthousiasme et de curiosité naïve. Je peux compter sur une main les fois où nous nous sommes vraiment disputés. Nous étions trop occupés à vivre notre vie et à faire prospérer notre commerce. J'ai été vraiment chanceux de rencontrer une femme comme Céline: toujours de bonne humeur, travaillante et chaleureuse. Nous sommes de bons amis en plus d'être mari et femme. Lorsqu'on est jeune, on pense qu'il y a une éternité devant nous. Et puis, un jour on se réveille, on a soixante ans et les enfants ont quitté la maison. Si on savait que le temps allait, comme du sable, nous glisser entre les doigts, on ferait peut être des choix plus judicieux lorsqu'on est jeune. Pour ma part, je recommencerais volontiers ma vie avec Céline.»

— Armand A.

Aujourd'hui, je prendrai le temps de vivre chaque instant car je sais que la vie est une ressource précieuse.

LA LIBERTÉ

«Je crois que la raison fondamentale pour laquelle notre couple n'a pas fonctionné tient à ce que mon ex-mari voulait à tout prix me contrôler. Guy est un homme extrêmement possessif et jaloux. Je crois qu'il a toujours eu peur de me perdre et sa jalousie me rendait folle. Il voulait toujours tout savoir: où j'étais allée et à qui j'avais parlé. Il était persuadé que les hommes autour de nous avaient un oeil sur moi et me faisaient des avances. Je me sentais tellement prise au piège qu'éventuellement je l'ai fait: j'ai pris un amant. Je crois qu'au fond de moi, je voulais en finir avec tous ses interrogatoires et ses enquêtes policières. Je voulais être libre. Pas libre d'être infidèle mais libre de ces doutes qui planaient constamment sur moi.»

— Fabienne G.

L a confiance est un élément clef de la relation de couple. Sans confiance, la relation dégénère rapidement. Lorsqu'une personne sent qu'on n'a pas confiance en elle, elle ne peut être libre d'agir et d'être elle-même. Elle ressent le doute et l'appréhension de l'autre qui vient étouffer sa liberté d'expression. La confiance se gagne et se mérite. Si nos comportements provoquent le doute et la colère constante de l'autre, on ne peut pas s'attendre à instaurer un climat de confiance au sein du couple. Une personne qui est fondamentalement intègre et intéressée par sa relation de couple mérite la confiance.

Aujourd'hui, je vois que la confiance est un composant essentiel d'une relation de couple harmonieuse.

LA TRAHISON

«Lorsque mon mari m'a annoncé qu'il était amoureux de sa secrétaire, je lui ai lancé tout ce qui me tombait sous la main. Je lui ai même fracassé une assiette sur la tête. Je me doutais de son infidélité et, lorsque j'ai su qu'il me laissait pour une jeune écervelée, je fus insultée, humiliée et furieuse. Pendant des années, j'avais travaillé comme une servante pour lui et ses enfants et voilà la récompense qu'il me servait. Je lui ai dit qu'il allait me le payer. J'ai fait en sorte, grâce à mon avocat, de mettre la main sur tout ce que je pouvais. Il m'a suppliée d'être juste et conciliante, mais je ne pouvais pas et je ne voulais pas le laisser aller gaiement après toutes ces années de sacrifice et de privation.»

— Francine P.

Aujourd'hui, je comprends que le sentiment de trahison peut provoquer des réactions très violentes. Lorsque je donne ma parole, je dois la respecter.

LA BEAUTÉ DU RISQUE

«Prendre des risques émotionnels, parler de ce que l'on ressent, admettre l'affection que l'on éprouve ou les espoirs que l'on entretient au sujet de la personne que l'on fréquente, révéler une vieille blessure idiote, avouer une insécurité physique, tous ces actes peuvent sembler favoriser de façon infinitésimale la révélation de soi, et c'est en effet ce qu'ils font. Mais chacun d'entre eux a un pouvoir gigantesque, le pouvoir de transporter votre relation des émotions superficielles aux profondeurs de l'intimité passionnée.»

— Daphne Rose Kingma

La relation de couple est un lieu sacré. Dans l'intimité et la sécurité du couple, nous pouvons être nous-mêmes à tous les moments et dans toutes les circonstances. Voici une personne qui nous aime tels que nous sommes et qui nous accepte malgré nos imperfections. Le couple est un lieu où nous pouvons parler des vraies choses, exposer nos craintes et exprimer nos rêves les plus profonds. Si nous ne pouvons pas être nous-mêmes dans notre couple, où donc pourrons-nous apparaître à la lumière du jour?

Je vois que j'ai le devoir de créer un contexte sécurisant qui permettra à l'être cher de s'exprimer librement. De plus, je dois lui faire confiance en exposant le vrai Moi.

LE POUVOIR DU COUPLE

«Il y a environ dix ans, j'ai été impliqué dans un grave accident de la route. Je me suis retrouvé à l'hôpital, en convalescence, durant près de quatre mois avec des côtes, la clavicule et le bassin fracturés, un poumon perforé et une multitude de lésions corporelles. Les médecins m'ont dit après coup qu'ils ont failli me perdre à quelques reprises. J'ai dû subir diverses interventions chirurgicales pour reconstruire ma mâchoire et pour récupérer l'usage de mon bras droit et de ma jambe gauche. J'ai été cloué au lit pendant tout ce temps, à réfléchir, me demandant si j'allais pouvoir retourner à la vie normale ou si je serais confiné à un fauteuil roulant le reste de mes jours. Ma copine Nancy est restée à mes côtés tout ce temps et m'a aidé à remonter la pente, pendant plus d'une année de convalescence passée à la maison. Nous n'étions ensemble que depuis quelques mois avant cet accident et j'étais surpris de la voir là, s'occuper de moi comme si nous avions été mariés pendant des années. C'est durant ce long rétablissement que j'ai vu combien Nancy est une femme extraordinaire. J'ai vraiment appris ce qu'est l'amour en la regardant et en voyant à quel point elle voulait mon bien. Évidemment, je l'ai épousée et nous vivons heureux depuis ce temps.»

— Thierry M.

C'est souvent dans les moments difficiles que l'on apprend qui sont nos véritables amis, ceux qui veulent notre bien.

Aujourd'hui, j'apprécie les belles choses de la vie et je ne prends rien pour acquis.

LES ARTISANS DE LA GAIETÉ

«Les enfants sont des artisans de gaieté. Avec leurs corps miniatures, ils rient et courent et roulent, ils rebondissent et se déplacent dans tous les sens. Ils s'agitent quand vous les prenez et ils sont si débordants d'énergie que vous les remarquez immédiatement quand ils entrent dans une pièce. Ils aiment toucher et goûter à tout. Et ils peuvent vous regarder dans les yeux avec une honnêteté si charmante que, pendant une seconde, vous doutez de ce qu'il faut faire. Il y a tant de choses amusantes… La vie est pleine de choses ridicules et les enfants ont le don de s'en apercevoir.»

— Judy Ford

Les enfants expérimentent la vie de façon créative. Ils n'ont pas appris à être «froids» et distants. Ils savent être présents à l'expérience car ils n'ont pas d'idée préconçue des choses. Ils conservent leur émerveillement devant la vie.

Aujourd'hui, je retrouve mon regard d'enfant. Je retrouve le plaisir de jouer, de toucher de mes mains et de goûter avec ma langue.

L'ENDETTEMENT

«*La première chose que nous avons faite après notre mariage fut d'acheter à crédit tous nos meubles et nos électroménagers. Quelle erreur monumentale! Nous étions jeunes et nous voulions nous installer dès le départ de façon élégante et confortable, de manière à pouvoir inviter nos parents et amis. Nous nous sommes vite retrouvés dans une situation intenable. Jean devait travailler jour et nuit pour payer les comptes et je gardais des enfants durant le jour pour aider. Toute notre vie était structurée autour des dettes à rembourser. Jean rentrait le soir vers minuit et devait repartir le matin à sept heures. Je le voyais brièvement le dimanche et il était crevé. Nous avons bossé comme ça pendant quatre ans et, à la fin, nous nous sommes rendu compte que nous étions presque des étrangers. En rétrospective, j'aurais pu me satisfaire des vieux meubles que nos parents nous avaient offerts et d'une vie de couple avec Jean.*»

— Marie-Hélène L.

Aujourd'hui, je suis conscient des dangers inhérents à l'endettement. Je ne compromettrai pas la qualité de ma vie de couple au profit de la consommation de biens matériels.

AVOIR CONFIANCE EN L'AUTRE

*«J'ai marié une super belle femme. Je ne sais trop
ce qu'elle a vu en moi. Je suis un gars ordinaire et
j'ai un boulot comme les autres. Lorsque Marlène
a accepté mon invitation à dîner, je suis tombé de
ma chaise. Tous les gars voulaient Marlène, ses
cheveux blonds, ses yeux bleus, sa taille parfaite,
chaleureuse et très appétissante. Nous sommes
sorties ensemble pendant quelques mois et je voyais
que les autres n'en croyaient pas leurs yeux. Ce
qui me fascinait encore plus, c'est qu'elle
s'amourachait de moi sans que je fasse d'efforts
particuliers. Je me disais que je n'avais aucune
chance avec cette fille, alors pourquoi ne pas être
moi-même et m'amuser. Ce fut sans doute la
meilleure attitude car elle voulut m'épouser. Après
le mariage, les ennuis ont commencé. Je voyais
que Pierre, Jean et Jacques souhaitaient me l'enlever. J'étais aux prises avec un sentiment d'insécurité car je craignais sans cesse de ne pouvoir
la rendre heureuse et de ne pouvoir lui offrir tout
ce dont elle avait envie. Je me disais qu'un jour un
type bourré de fric allait me la prendre. Mais
Marlène, en plus d'être belle, n'était pas bête. Elle
avait cerné mes appréhensions. Elle m'a dit:
"Yves, tu es l'homme de ma vie. Je t'ai choisi
parce que je t'aime profondément et parce que tu
n'es pas comme les autres. Dors la tête en paix
mon ange car je te serai fidèle et je respecterai nos
vœux de mariage." Il faut croire que je suis un
gars chanceux.»*

— Yves d'A.

**Aujourd'hui, je sais que j'ai tout pour me
rendre heureux.**

LE DOUTE

«Lorsque j'ai découvert que mon mari avait eu une maîtresse pendant des années, j'ai ressenti une profonde angoisse et un grand soulagement à la fois. J'ai été figée par une vague d'émotions accablantes mais je fus soulagée d'apprendre que mon intuition féminine ne m'avait pas trompée pendant ces années. Malgré tous ses mensonges et son cinéma, je m'en étais doutée.»

— Évelyne D.

L e doute peut s'installer entre deux conjoints. On peut sentir que l'autre n'est pas totalement engagé ou fidèle. Ce doute peut pervertir et détruire une relation valable. Le doute peut prendre diverses formes: la jalousie, l'inquiétude ou l'anxiété. Le doute n'apparaît cependant pas sans provocation. Lorsqu'on doute, c'est qu'on a constaté ou ressenti quelque chose. Et lorsque le doute s'installe, il est très difficile de le chasser.

Notre partenaire peut alimenter ou non le doute par ses attitudes et ses comportements. Le doute signale la nécessité urgente de s'ouvrir et de communiquer. Il faut alors mettre cartes sur table et parler ouvertement de nos inquiétudes et surveiller de près la réaction de l'autre. Avec le dialogue, on verra s'il existe une source réelle d'inquiétude et l'on parviendra mieux à faire face à la situation.

Aujourd'hui, je mets cartes sur table et ne laisse aucun doute planer sur ma relation.

LA TYRANNIE DE LA MANIPULATION

«La manipulation est l'antithèse de l'amour. C'est l'astucieuse domination de l'existence, des sentiments et des intentions d'une personne par une autre, l'effacement de l'essence d'une personne par l'agression d'une autre personne. La manipulation consiste à vous arranger pour qu'une personne fasse ce que vous voulez sans reconnaître que vous avez besoin qu'elle le fasse; c'est une négation des priorités d'une autre personne au profit des vôtres. Quand vous manipulez, vous vous traitez comme si vos besoins, vos désirs et vos espoirs n'étaient pas dignes d'être satisfaits (autrement vous demanderiez directement ce que vous voulez), et vous traitez la personne que vous manipulez comme si, en dehors de ce que vous voulez qu'elle fasse pour vous, elle n'avait aucune valeur.»

— Daphne Rose Kingma

Le couple est une entreprise à deux. Cette entreprise dépasse la réalité individuelle. Certains ne peuvent pas vivre une relation de couple car ils n'ont pas atteint la maturité ou la sagesse de comprendre une réalité au-delà de leur propre réalité individuelle. Ces individus, dans le contexte du couple, ont tendance à vampiriser l'énergie, l'amour et les biens de l'autre. Pour eux, la relation est une voie à sens unique. Ils sont là pour ce que la relation peut leur apporter.

Aujourd'hui, je vois que la relation de couple est une voie à deux sens. Je vois aussi que la réalité du couple est distincte de ma réalité individuelle.

DES PETITES DOUCEURS

«J'aime lorsque la maison est remplie d'odeurs sucrées de cannelle et de gingembre. Je prépare des petites douceurs pour les enfants et pour mon homme. C'est une activité simple qui me rapproche de ma famille. Chacun vient faire son tour durant la cuisson pour lécher la glace ou voler un peu de chocolat sur le bout d'une cuillère. La cuisine est chaude et invitante et je deviens pendant un moment le centre de leur univers. Mon mari vient de derrière me faire des petites bises dans le cou et je lui dis qu'il est chanceux d'avoir une femme comme moi qui fait aussi bien la cuisine. Il est d'accord et me donne un gros câlin. Le vie de couple est parfois difficile, mais dans ces moments, on oublie tous les tracas et on centre notre attention sur la joie d'être ensemble, à la maison, au chaud, entourés d'amour. Mon mari et mes enfants sont mes petites douceurs à moi. Je peux bien les gâter de temps en temps.»

— Irène H.

Aujourd'hui, je peux gâter l'être cher avec des petites choses qui lui font plaisir.

J'EXPRIME MES BESOINS.

«Lorsque ma femme m'a dit qu'elle voulait retourner au travail, je n'étais pas d'accord. Je craignais peut-être de la perdre. Avec le temps, elle a réussi à me faire comprendre qu'elle voulait relever de nouveaux défis. Il y a maintenant cinq ans de cela. Nous sommes toujours ensemble et nous nous aimons plus que jamais. Je vois comment son travail lui permet de s'épanouir, en lui permettant de combler son besoin d'indépendance. Son retour au travail a revitalisé notre relation.»

—Henri D.

Pour qu'elle soit réussie, une relation doit permettre à chacun d'exprimer et de combler ses besoins. Une relation ne peut pas survivre si elle est fondée sur la suppression des besoins de l'un des partenaires. Ma responsabilité est de faire valoir mes besoins et de permettre à l'autre de se réaliser pleinement dans le cadre de notre relation.

Je vois que lorsque j'exprime mes besoins, ma partenaire réagit généralement avec tendresse et avec amour. Elle prend plaisir à m'aider à combler mes besoins. Moi aussi, je veux la rendre heureuse et lui rendre hommage. Cette femme de grande qualité mérite mon appui et mon amour inconditionnel. Je sais que je peux la laisser grandir et lui accorder toutes les possibilités de croissance qu'elle souhaite.

Aujourd'hui, je vois que je peux exprimer mes besoins et que je peux laisser l'être cher exprimer ses besoins au sein de notre couple.

LES COPAINS

«Il y a des hommes qui sont persuadés qu'ils peuvent poursuivre leur vie de garçon longtemps après leur mariage. J'ai marié un tel homme, mais j'ai fini par lui montrer qu'il serait plus heureux et en sécurité à la maison. Jean-Guy aimait bien s'amuser avec ses copains. Il avait toujours un bon prétexte pour me laisser seule à la maison et aller les rejoindre. Au début, je m'accommodais de l'idée que les hommes doivent se fréquenter et qu'une femme ne doit pas brimer la liberté de son mari. Jean-Guy, voyant que je lui donnais un centimètre, a voulu prendre un mètre. Il sortait jusqu'à quatre soirs par semaine et se trouvait des raisons telles qu'aller à des matchs de soccer avec ses amis le week-end. Éventuellement, je lui ai dit qu'il aurait à choisir une vie avec la femme qu'il aime ou avec ses copains. Je n'allais pas passer ma vie à tricoter à la maison pendant qu'il irait s'amuser avec eux. De plus, je lui ai dit que nous attendions un enfant et qu'il faudrait que son père soit présent. Lorsqu'il a appris que j'étais enceinte, il est resté figé pendant quelques instants et son visage est devenu lumineux. Notre vie n'est plus la même depuis ce moment. Jean-Guy a beaucoup trop de plaisir à être papa et à s'occuper de maman pour aller se balader avec ses anciens copains. Merci mère Nature!»

— Martine B.

Aujourd'hui, je sais que ma relation de couple est prioritaire. Je dois être présent et disponible si je désire avoir une relation de couple heureuse et satisfaisante.

LE TOUCHER

«Je crois qu'on sous-estime le pouvoir thérapeutique du toucher. Jean-François et moi avons appris à utiliser le toucher tous les jours pour nous réconforter, nous caresser et pour soulager le stress. J'ai dû mettre plusieurs années avant de briser la glace avec lui. Il me disait que j'étais trop câline et que le toucher éveillait toutes sortes de sentiments en lui. Il préférait garder le toucher pour la chambre à coucher. Mais avec le temps, j'ai fini de le convaincre en cherchant les moments où je pouvais l'approcher et il s'est laissé amadouer. Maintenant, je peux vous dire que je suis une femme comblée car une bonne part de nos communications est transmise par le toucher.»

— Anne-Marie S.

Chaque personne a besoin de se faire prendre, se faire tenir la main et caresser les cheveux. Tous aiment se faire caresser le dos et masser les jambes et les pieds. Le couple est renforcé par le toucher. L'amour a ses manifestations physiques. Le toucher peut ponctuer notre vie quotidienne.

Aujourd'hui, je vois que le toucher rend le coeur tendre et réceptif. Je peux la toucher pour la réconforter, la soulager, la détendre et communiquer avec elle.

LES RÈGLES

«J'ai lu un livre récemment qui s'intitule: Les Règles. Il s'agit d'un guide pratique destiné aux femmes qui désirent trouver et garder l'homme de leur vie. Il explique ce qu'une femme doit faire pour éviter de précipiter les choses et faire fuir le prince charmant potentiel. J'ai trouvé ce bouquin amusant par moment mais j'étais en désaccord avec le principe fondamental. Je crois qu'il faut rester soi-même et laisser libre cours à notre intelligence, notre intuition et notre destinée. L'ennui avec ce genre de livre de recettes amoureuses, c'est qu'une fois qu'on a mis le grappin sur l'homme de sa vie, on doit pouvoir vivre avec lui et inversement. La seule façon de vivre que je connaisse, c'est en étant moi-même, sans prétention et sans stratégie cachée.»

— Véronique O.

Aujourd'hui, je sais que ma relation de couple me demande seulement d'être moi-même.

Notre responsabilité

Nous devons nous poser une question fondamentale: quelle est l'étendue de notre responsabilité? On peut admettre sans réserve que l'on est responsable de soi-même. On peut aussi admettre aisément que l'on est responsable de ses enfants et de sa famille. On peut aussi admettre que l'on est responsable de son travail, de ses finances personnelles. Mais au-delà de ces zones immédiates, on arrive mal à définir notre part de responsabilité. On a l'impression que ce qui échappe à notre contrôle direct échappe aussi à notre responsabilité.

La vie de couple fait partie des zones qui subissent l'effet de notre contrôle direct. On est en tout temps responsable du couple, de son évolution et de sa qualité. On ne peut pas fuir les responsabilités de la relation de couple, car il nous appartient et nous ressemble.

Aujourd'hui, je deviens responsable de ma vie de couple. Mon bonheur et le bonheur de l'être cher dépendent de ma capacité d'assumer mes responsabilités au sein du couple.

PRENDRE LE TEMPS DE VIVRE

*P*our être bien dans sa peau, il faut prendre le temps de vivre, de respirer, de se reposer, de s'amuser et rire. Chaque jour qui s'offre à nous présente des tas d'occasions de faire justement cela! Dans la course effrénée qui nous occupe, nous oublions trop souvent de profiter des petits plaisirs que nous réserve la vie. Aujourd'hui, je m'accorde la permission de profiter de chaque instant et de me faire plaisir. Je serai attentif à ces petits riens qui font chaud au coeur et j'en serai d'autant plus heureux.

Aujourd'hui, je sais que le bonheur de notre couple exige que je prenne le temps de vivre.

LES FLEURS DU PRINTEMPS

«J'ai été, je crois, l'une des plus chanceuses en amour. J'ai trouvé celui qui pouvait m'aimer vraiment et m'accueillir au fond de son coeur. J'ai trouvé mon prince charmant. Cet homme m'éblouit et me trouble encore après plus de quarante ans de mariage. Je me suis mariée à l'âge de seize ans et je n'ai jamais eu à en regarder un autre. J'étais une femme comblée et je le suis encore aujourd'hui. Mon amour pour lui est comme une fleur du printemps, vivante et resplendissante de couleurs. Je ne connais pas le secret de l'amour et du mariage qui peuvent durer toute une vie. Tout ce que je sais, c'est qu'on doit laisser parler son coeur et qu'il nous montrera le chemin.»

— Angélique T.

Le coeur reste toujours jeune. Notre faculté d'aimer et le désir d'intimité ne s'atténuent pas avec l'âge. Certes, pour certaines personnes qui essuient des peines d'amour et qui doivent refouler leurs sentiments véritables, l'amour peut se transmuer en une peur d'aimer. Lorsqu'on est fidèle à son coeur et que l'on se donne sincèrement et tendrement à celui ou celle qui sait nous apprécier, la vie amoureuse nous offre les plus beaux cadeaux.

Aujourd'hui, je sais que le corps physique vieillit mais que le coeur reste toujours jeune. J'aurai toujours la faculté d'aimer et de voir la magie autour de moi.

LE SECRET D'UNE VIE DE COUPLE RÉUSSIE

«Je passe beaucoup de temps avec mon épouse car nous travaillons ensemble. Nous possédons une petite manufacture de textile haut de gamme à Montréal. Vous pouvez sans doute vous imaginer que nous travaillons de longues heures et que ce métier, dans le contexte économique actuel, n'est pas de tout repos. Je peux dire cependant que je ne changerais pas ma place pour tout l'or du monde. Mon épouse et moi travaillons main dans la main pour assurer le bon fonctionnement et la croissance de l'entreprise. Nous sommes deux professionnels en constante communication afin d'offrir le meilleur produit aux meilleures conditions. Il n'y a pas de discorde fondamentale entre nous car nous travaillons vers un but commun. Plusieurs de mes amis entrepreneurs me parlent de leurs problèmes de couple: disputes incessantes, divorce, adultère, impotence. La liste des problèmes de couple semble sans fin. Nous ne connaissons pas ces problèmes. Nous savons toujours où se trouve l'autre; nous sommes sur la même longueur d'onde et notre vie sexuelle est toujours aussi satisfaisante. Je me suis demandé pourquoi après quinze ans de mariage les rapports sexuels sont encore aussi satisfaisants et même meilleurs. Je crois que c'est parce que nous avons les mêmes buts, les mêmes intérêts et la même mission: vivre et travailler ensemble afin de réussir.»

— Jean-Robert P.

Aujourd'hui, je vois que le couple est une entreprise à deux. Je peux partager mes rêves et mes aspirations avec l'être cher. Ensemble, nous pourrons nous bâtir un bel avenir.

LE PLAISIR

L a vie se joue entre le plaisir et la sécurité. On veut s'amuser et goûter tous les plaisirs tout en conservant notre équilibre émotionnel et mental. La relation de couple peut nous offrir cet équilibre tant recherché entre le plaisir et la sécurité. La vie de couple nous permet de vivre tous les plaisirs dans un contexte stable et sécurisant. Le couple est toujours là. L'autre devient notre partenaire de voyage au fil de ce trajet de découverte des doux plaisirs de l'amour, de la détente, du jeu et de la dégustation. En compagnie de notre partenaire de voyage, nous partageons les expériences de plaisir tout en renforçant la sécurité de la vie à deux.

Aujourd'hui, je peux connaître tous les plaisirs avec l'être cher. Je me préoccupe de notre plaisir et de la stabilité de notre vie commune.

TERMINÉE LA PROCRASTINATION!

«J'ai décidé d'aller de l'avant, de lui acheter une alliance et de la demander en mariage. Je crois avoir passé huit heures chez le bijoutier à choisir le modèle susceptible de lui plaire. Ensuite, j'ai passé deux jours à réfléchir à la manière dont je lui ferais ma demande ainsi qu'au moment opportun. Finalement, le jour est venu. Le contexte semblait propice et je lui ai présenté ma demande. Un long moment de silence. Et elle m'a dit non, la réponse était non, elle ne pouvait pas m'épouser. Elle ne voulait pas se marier car elle avait d'autres expériences à connaître et elle ne pouvait plus me fréquenter car j'étais vite devenu trop sérieux. Évidemment, j'étais estomaqué d'avoir fait une telle erreur de perception et de calcul. Je croyais avoir trouvé la femme de mes rêves, belle, charmante et intelligente. Je me suis senti humilié et rejeté. Mais avec quelques semaines de recul, j'étais en mesure de tirer quelque chose de bon de cette expérience. J'avais eu le culot de m'engager pour la vie. J'aurais pu passer des mois avec cette femme avant de me rendre compte qu'elle n'était pas sérieuse. Alors aujourd'hui, je suis libre et je sais que j'ai le courage nécessaire pour envisager l'engagement à vie.»

— Sylvain E.

Aujourd'hui, je vis jusqu'au bout mes rêves. Je n'ai pas l'intention d'attendre toute ma vie afin de vivre et de faire les choses qui m'importent. Je sais que je risque de commettre quelques erreurs, mais sans le risque, la vie n'a ni couleur ni odeur.

5 mai

L'INDÉPENDANCE FINANCIÈRE

«*Nous en avions marre du cycle infernal des dettes et du travail: métro, boulot, dodo. La société semble structurée en vue de nous maintenir en place, prisonniers de nos hypothèques, de nos voitures et de nos emplois. Il était temps de connaître autre chose. Nous avons donc décidé de renoncer au système et d'aller vivre à la campagne. Nous voulions retrouver une vie plus calme, authentique et, surtout, nous visions l'autosuffisance dans la mesure du possible. Jean connaissait l'apiculture car ses parents avaient élevé des abeilles et moi j'ai décidé de m'initier à la culture des escargots. J'avais vu un reportage sur cette forme de culture qui peut s'avérer plutôt lucrative. Pendant deux ans et demi, nous nous sommes préparés à faire le grand saut en remboursant nos dettes, en suivant des programmes de formation et en cherchant un endroit propice à la campagne. Finalement, tous les éléments étaient en place et nous avons fait le saut. Les premières années ont été très difficiles à tous les points de vue. Il y a maintenant cinq ans que nous sommes à notre compte et nous vivons bien à présent. Nous n'avons pas vraiment renoncé tout à fait au système, mais nous menons une existence qui nous rapproche l'un l'autre.*»

— Mélanie G.-J.

Aujourd'hui, je veux vivre ma vie. Notre union sera la base qui nous permettra de bâtir une vie nouvelle, une vie qui nous ressemblera et nous fera vibrer.

NOUS POUVONS SURMONTER NOS DIFFICULTÉS.

«La plupart des difficultés et des conflits entre les conjoints peuvent être résolus par la communication. Lorsqu'on parle ouvertement et qu'on se donne la permission de vraiment dialoguer, le couple devient plus grand que les problèmes auxquels il est confronté. Les malentendus et les disputes ne peuvent pas résister à la lumière de la communication. Chaque fois qu'un conflit ou une dispute survient, c'est que quelque chose n'a pas été dit ou n'a pas été compris. Nous avons donc pris l'habitude de nous parler ouvertement. Lorsque je ne me sens pas bien, je communique. Lorsque j'ai des objections ou des questions, je communique. Lorsque j'ai des doutes ou des inquiétudes, je communique. Mon copain et moi sommes devenus experts en communication, à force de communiquer. Selon moi, dans le contexte d'un couple, il n'y a rien dont on ne se puisse pas parler.»

— Pierra U.

Aujourd'hui, je vois que la survie et la vitalité de notre couple passe par la communication. La communication sous-entend que chacun puisse donner et recevoir.

À BORD DU MÊME BATEAU

Lorsqu'on consent à vivre à deux, on doit accepter d'être désormais à bord du même bateau. Il ne suffit pas de se dire: j'ai ma vie et tu as la tienne. Nous faisons désormais partie du même équipage. La vie commune est semblable à un navire qui nous mène vers le même port, dans les mêmes conditions. Ce que je possède est à toi et ce que tu possèdes est à moi. Tes problèmes sont les miens et mes problèmes sont les tiens. Je ne pourrais pas te laisser seule pour affronter les circonstances de la vie. Je dois faire partie de tes plaisirs et de tes joies au même titre que je t'inclus à mes bonheurs.

Lorsqu'on se retrouve dans le même bateau, rien ne peut survenir qui ne sera ressenti par tout l'équipage. Lorsque je ne déploie pas suffisamment d'efforts pour propulser le navire, mon coéquipier doit compenser en travaillant deux fois plus. Si je mange toutes les rations de nourriture, l'autre devra s'en priver. Mes actions affectent l'autre de la même façon que ses actions me touchent.

Aujourd'hui, j'accepte que la relation de couple nécessite un effort d'équipe. En travaillant ensemble et en partageant de façon équitable les responsabilités et les ressources, nous allons évoluer ensemble et atteindre notre destination.

LIRE ENTRE LES LIGNES

«J'ai appris à être attentif aux messages sous-jacents, ce que j'appelle le "non-dit" entre nous. Je crois que le non-dit peut être aussi important et révélateur que ce qui est communiqué de vive voix. Lorsque je vois que Rachel est plutôt muette et pensive, je sais que quelque chose ne va pas. Je sonde le terrain afin d'en découvrir la raison. Lorsqu'elle se fâche aisément à propos de tout et de rien, je sais que je dois intervenir avant que les choses dégénèrent. Nous n'avons pas encore maîtrisé l'art de la communication. Nous sommes donc contraints à des formes de communication indirectes qui passent parfois par le plan inconscient. Il y a bien sûr des messages non verbaux, mais il y a aussi beaucoup de sous-entendus qui risquent d'être ignorés si je ne suis pas attentif. Alors je suis à l'écoute et je tente de lire entre les lignes. En posant les bonnes questions, je suis en mesure de bien comprendre ma conjointe.»

— Paul G.

Aujourd'hui, je lis entre les lignes. Je suis attentif aux messages non verbaux qui sont tout aussi importants que les paroles. En étant à l'écoute de l'être cher, je demeure proche et réceptif aux messages sous-jacents.

NOTRE DÉSIR DE FORMER UN COUPLE

Comment peut-on être en relation sans communiquer? Certes, il y a une forme de communication dans le silence ou dans le non-dit. Mais une relation exige tout de même un peu d'attention et de travail. Si on désire fonder un couple et approfondir une relation épanouie, il nous faut communiquer.

La communication ne se limite pas à dire des mots ou à exprimer sa façon de penser. La communication est une route à deux sens. On doit pouvoir s'exprimer librement, sincèrement et laisser à l'autre la possibilité d'en faire autant. Si on refuse de recevoir ou d'émettre des communications, on ne peut pas entrer en relation avec l'autre. Il faut être disposé à recevoir et lancer des messages pour établir des liens.

Aujourd'hui, je cherche à être en relation, donc je favorise les communications.

ÉCOUTER AVEC SON COEUR

«Je crois qu'une relation de couple, pour être satisfaisante, exige qu'on soit réellement à l'écoute de l'autre. Il faut être intéressé et avoir envie d'entendre ce que notre partenaire a à nous dire. Lorsqu'on est vraiment à l'écoute de l'autre, on ne donne pas de conseils, on ne discute pas, on ne critique pas et on n'évalue pas. On écoute tout simplement en donnant autant d'espace et de temps à l'autre pour s'exprimer. Lorsqu'une personne sait qu'elle peut réellement s'exprimer et qu'on l'écoute avec le coeur, le rapport envers cette personne se transforme, comme par magie. Il s'agit d'éteindre la petite voix en nous assez longtemps pour entendre l'autre et lui permettre d'apparaître. Je fais souvent l'expérience de cette situation avec ma copine et chaque fois que je l'écoute avec l'intention et le désir d'entendre, j'ai l'impression de me rapprocher d'elle. En utilisant cette approche, nous parvenons à résoudre tous nos problèmes.»

— André P.

Aujourd'hui, je prends le temps d'écouter réellement. Je donne à l'être cher la possibilité de s'exprimer complètement et j'écoute attentivement avec mon coeur.

LE CARACTÈRE SPIRITUEL DU COUPLE

«L'harmonie est la beauté spirituelle d'une relation intime. Il s'agit d'une coexistence élégante, d'une compatibilité paisible, d'une similitude des fréquences. C'est savoir que l'on partage une même vision du monde, que ce que l'on souhaite retirer de l'existence s'inscrit en parallèle avec ce qu'en souhaite l'autre. C'est regarder l'être aimé et pouvoir lui dire: nous défendons les mêmes principes et nous partageons les mêmes valeurs, malgré les aspérités occasionnelles.»

— Daphne Rose Kingma

L'amour de la beauté est une valeur spirituelle. Le bonheur émane d'une belle vie, une vie harmonieuse que l'on crée avec l'accord et la participation des gens que l'on estime. La relation de couple fait partie de la beauté de la vie. Lorsqu'on est heureux et satisfaits ensemble, la relation devient quelque chose de beau et de resplendissant.

Aujourd'hui, je vois que la vie peut être un petit chef-d'oeuvre. Ma relation de couple fait partie intégrante de mon chef-d'oeuvre.

J'AJUSTE MES COMMUNICATIONS.

«Lorsque j'étais jeune, dans ma famille d'origine, j'ai pris la mauvaise habitude de parler brusquement. Mais avec le temps et au fil de mes expériences, j'ai vu que le ton de ma voix et mon intensité naturelle pouvaient brusquer et parfois même blesser les gens que j'aimais et avec lesquels je voulais entretenir des relations harmonieuses. J'ai compris que pour être en mesure de communiquer efficacement, je devais m'ajuster en fonction de mon auditoire. La communication est une chose très personnelle. Pour rejoindre quelqu'un, on doit pouvoir ajuster sa communication en vue de l'atteindre. Certains n'entendent pas les paroles douces et affables. D'autres ne peuvent souffrir des communications verbales fortes ou intenses.»

— Guy D.

Aujourd'hui, je regarde, j'écoute et j'ajuste mon ton et ma façon de communiquer afin de rejoindre l'autre.

LES CÂLINS

«Les câlins apaisent à la fois le corps et l'âme; ils sont un besoin vital de l'être humain. Nous avons grandement besoin d'être touchés et que notre peau, la soyeuse enveloppe de notre être, miraculeusement fine, soit caressée et chérie. C'est l'un des besoins de l'enfance qui vous restent à l'âge adulte, d'autant que la plupart d'entre nous n'ont pas été suffisamment caressés, embrassés, étreints ou simplement touchés avec affection. Nous voulions nous pelotonner contre notre mère pour y être en sécurité, que notre père nous porte dans ses grands bras puissants, mais la chose ne s'est pas produite suffisamment. Nous ne nous sommes pas assez assis sur leurs genoux, ils ne nous ont pas assez flatté le dos ou le ventre, ne nous ont pas assez chatouillé les pieds, nos cous n'ont pas reçu suffisamment de baisers à notre goût.»

— Daphne Rose Kingma

Aujourd'hui, je sais que les câlins ont un effet thérapeutique. Je prends le temps de toucher l'être cher et de me laisser toucher à mon tour.

LE RESPECT MUTUEL

Le respect mutuel est sans doute l'élément essentiel de la communication. Comment peut-on favoriser l'expression authentique des gens autour de soi si on ne leur accorde pas le respect et le droit d'exprimer leurs propres pensées? Comment peut-on s'exprimer librement lorsqu'on est face à une personne qui ne nous respecte pas? Chacun a sa propre expérience, sa vision des choses et, surtout, le droit fondamental d'être soi-même en toutes circonstances.

Aujourd'hui, je favorise la communication en respectant les autres et en leur montrant à me respecter.

UNE ACTION À LA FOIS

*A*ujourd'hui, je sais qu'on bâtit une maison en jetant d'abord les fondations. On doit bâtir notre avenir en accomplissant une action, une tâche à la fois et un jour à la fois. L'occasion se présente à moi aujourd'hui de faire un pas de plus. Je garde mon but en tête et je travaille assidûment afin de l'atteindre. Je ne me décourage pas car je sais que la satisfaction vient d'une journée de travail bien accompli.

Aujourd'hui, je prends plaisir à donner mon maximum dans toutes les tâches que j'accomplis et, de cette façon, j'amplifie mon bonheur et ma fierté.

LA VIE DE COUPLE EST UNE AVENTURE.

«Aujourd'hui je vivrai pleinement; je me jetterai tête première dans l'aventure qu'est la vie. Je n'esquiverai pas les risques. Depuis trop longtemps ma vie se caractérise par l'ennui issu de la routine. En cherchant la sécurité, je me suis encroûtée dans une routine qui finit par ressembler à une tombe. Aujourd'hui, je veux explorer et élargir mes frontières sur les plans physique, mental et spirituel. Je veux éprouver l'euphorie provenant de mes nouvelles expériences.»

— Rokelle Lerner

On peut se créer une vie merveilleuse, remplie de défis et d'aventure. Il n'est pas nécessaire de faire des compromis. On peut être heureux et épanoui dans toutes les sphères de sa vie. Lorsqu'on traite la vie comme une merveilleuse aventure, on s'ouvre à de nouvelles choses et de nouvelles expériences. On peut recomposer sa vie à partir de nouveaux éléments.

Aujourd'hui, je pars à l'aventure avec la conviction que je découvrirai le bonheur.

LA RÉSOLUTION DE PROBLÈMES

*P*our réussir, on doit affronter et résoudre les problèmes qui surgissent chaque jour. Si on tente d'éviter ou de refouler les problèmes qui surgissent, ils feront à nouveau surface tôt ou tard. Mais si on acquiert une attitude qui nous permette de recevoir les problèmes un peu comme on accueille un vieil ami, on ne sera jamais pris au dépourvu. Le problème peut être perçu comme un obstacle ou une barrière, ou tout autrement. Il peut aussi être vu comme une variation intéressante dans un jeu qui ajoute du piquant et de l'intrigue à la vie. On peut accueillir joyeusement les problèmes car ils nous permettront de dépasser nos limites initiales pour aller plus loin et devenir encore plus fort.

Aujourd'hui, j'accepte que la clef de mon succès réside dans mon habilité à résoudre les problèmes. Au lieu de tenter de les fuir, je les recevrai avec grâce.

BÂTIR L'AVENIR

«Vous ne deviendrez jamais une personne gâtée si vous faites vous-mêmes votre repassage.»
— Meryl Streep

L e travail nous ramène à ce qu'il y a d'essentiel dans la vie: bâtir. Nous sommes responsables de notre vie et de notre bien-être. Nous nous réalisons par le travail. Lorsque nous travaillons, nous prenons conscience de la place que nous occupons dans le couple, dans la communauté, dans le monde.

Aujourd'hui, mon travail me permet de bâtir quelque chose de plus grand, de nouveau, de beau qui contribue à la vie des êtres qui partagent cette planète avec moi.

LE COURAGE DE RÉUSSIR

*O*n doit consacrer autant d'énergie à la réussite qu'à essuyer un échec. Il y a autant de travail et de difficultés dans le succès que dans l'échec. On doit travailler activement pour grandir ou pour rester petit. Il s'agit du même effort mais en sens inverse. Lorsqu'on ne consacre ni effort ou ni énergie à la poursuite de ses buts, on dépense une énergie folle à résister à ce qui vient naturellement. L'être humain cherche naturellement à se manifester et à vivre le succès dans ses entreprises. On doit déployer beaucoup d'efforts pour entraver son entière réalisation.

Le couple est une entreprise qui se vit à deux. Il faut travailler ensemble afin d'assurer le succès de l'entreprise. C'est en communiquant, en identifiant des buts communs, en partageant les responsabilités et en appréciant cette collaboration que nous réussirons cette entreprise du coeur.

Le succès exige une autre forme de courage, celui de vivre une vie plus exaltante et de dépasser les limites du connu.

Aujourd'hui, je prends mon courage à deux mains et j'avance vers le succès.

L'ÉTHIQUE INTERPERSONNELLE

«J'ignore quel sera votre destin, mais une chose est sûre: parmi vous, les seuls qui connaîtront le bonheur sont ceux qui auront cherché et trouvé comment servir autrui.»

— Albert Schweitzer

Aujourd'hui, je comprends que la vie de couple doit être profitable à chacun de nous. Notre bonheur ensemble repose sur la satisfaction de mes désirs propres autant que des siens.

LE POUVOIR DE MES RÊVES

Un couple peut formuler mentalement les buts qu'il désire atteindre. Si deux êtres veulent parvenir à tel ou tel résultat, ils doivent pouvoir se l'imaginer comme s'ils y étaient déjà. Voilà le pouvoir de nos rêves! Ensemble, nous pouvons élaborer notre avenir. Nous pouvons construire mentalement la situation, le contexte que nous désirons. Cette image mentale devient alors notre guide.

Si nous ne nous fixons aucun but, aucun rêve, comment nous rendrons-nous compte de notre évolution? Comment pourrons-nous juger si nous sommes sur la bonne voie ou tout simplement à la dérive? Notre imagination commune peut guider nos actions.

Aujourd'hui, je sais qu'ensemble nous pouvons réaliser tous nos rêves. Nous pouvons mettre notre imagination commune à profit et avancer progressivement vers les buts qui nous sont chers.

PRIÈRE D'AMOUR

«*Je ne me considère pas comme un homme religieux. Je n'ai jamais consacré beaucoup de temps à la foi en Dieu. Cependant, j'ai constaté que la prière peut être bénéfique lorsqu'on traverse une période difficile. Je venais de mettre fin à une relation houleuse et j'étais dans un état déplorable. Je me disais: me voici à l'âge de 35 ans et je suis incapable de fonder une relation durable. J'avais le sentiment que les autres sphères de ma vie évoluaient dans la bonne direction mais je ne réussissais pas à nouer une relation qui pût me procurer la stabilité émotionnelle que je désirais tant. J'étais au désespoir. De plus, je revoyais tous mes échecs amoureux et j'étais profondément angoissé. C'est alors que j'ai décidé de prier et de formuler une demande spécifique à Dieu afin qu'il me prête son amour et son appui. Après quelques semaines de prières, je me sentais déjà mieux, plus serein et plus conscient du genre de relation amoureuse qui me permettrait d'évoluer. J'ai fini par rencontrer la femme de ma vie. Je ne sais pas si Dieu a répondu à mes prières ou si j'ai suffisamment apaisé mon angoisse et clarifié mon désir par la prière. Tout ce que je sais avec certitude, c'est que la prière m'a aidé à traverser une période difficile.*»

— Ben L.

Aujourd'hui, je suis en contact avec la dimension spirituelle de la relation amoureuse. Je vois que ma relation de couple me comble de toutes les façons et me rend plus apte à remplir mon devoir d'amour.

LA COMPATIBILITÉ ENTRE LES ÊTRES

«Je crois que la compatibilité joue un rôle essentiel dans le couple. La compatibilité s'exprime par le tempérament, les aptitudes, les intérêts et les perceptions. Je me demande comment deux personnes peuvent fonder un couple harmonieux et durable si elles sont vraiment différentes et si chacun ne réussit pas à cerner la réalité de l'autre. On peut se dire que les différences nous attirent et nous intriguent, mais la vérité, c'est que ceux qui se ressemblent, se rassemblent. Ma vie de couple est heureuse parce que ma copine et moi partageons une multitude de points communs. Nous aimons l'activité physique. Nous avons une même vision sur un grand nombre de choses. Nous aimons les voyages. Nous sommes tous les deux du genre créatif et rebelle. Nous aimons les jeux de société, les soirées au cinéma et le billard. Nous nous disputons rarement car nous sommes généralement d'accord sur les grandes et les petites choses de la vie. Je ne crois pas que notre couple fonctionne bien parce que nous y travaillons; nous sommes heureux ensemble parce que nous sommes extrêmement compatibles.»

— Alain D.

Aujourd'hui, je favorise les choses qui nous unissent et j'écarte celles qui nous divisent.

SAVOIR RIRE

«La vie peut devenir très sérieuse rapidement. Les problèmes financiers, les responsabilités familiales et professionnelles et les tracas quotidiens peuvent devenir difficiles à supporter. On peut accepter de se laisser accabler par une multitude de petits contretemps ou choisir de rester optimiste et rieur. Je vois comment le rire sert à alléger les situations. Le sens de l'humour et les blagues rendent plus acceptable une situation plutôt pénible. J'ai vu en quoi le rire contribue à ma vie de couple. Je suis toujours intéressé à rire et à faire rire ma conjointe. Nous prenons le temps de rire presque chaque fois que nous sommes ensemble. Je lui passe un coup de fil en plein milieu de la journée pour lui raconter une anecdote amusante. Nous avons affiné notre faculté de voir les côtés rigolos de chaque situation. Je crois que le fait que nous puissions rire ensemble nous garde ensemble et réduit le stress quotidien.»

— Marc-André P.

Aujourd'hui, je vois le côté léger de la vie. Je peux rire et prendre les choses plus à la légère. Lorsque je considère la plupart des problèmes auxquels nous faisons face, je m'aperçois qu'il est plus facile de les surmonter en ayant le coeur léger et rieur.

LA RUINE

«Je crois que les relations de couple ont gâché ma vie. J'ai été marié trois fois. Chaque fois, je pensais que c'était la bonne mais, après quelque temps, je me rendais compte que cette femme allait me coûter cher. Les femmes sont attirées par ce que je peux leur donner et non par l'homme que je suis. Chacune de mes relations m'a procuré un plaisir passager doublé de souffrances prolongées. Chacun des couples que j'ai fondés s'est terminé en queue de poisson et j'ai dû en faire les frais.»

—Gaétan H.

On a parfois peine à voir que la relation de couple peut s'avérer une zone de turbulences. On peut inconsciemment se diriger vers des relations amoureuses qui nous causeront les pires ennuis. Nous ne sommes pas toujours attirés vers ceux qui peuvent nous apporter du bien, mais vers ceux qui peuvent nous déchirer. Nous devons donc prendre conscience de notre vulnérabilité et de nos tendances. Surtout nous devons assumer la responsabilité de nos choix. Nous devons décider de celui ou celle avec qui nous allons nous associer. Nous devons décider d'évoluer au sein d'une relation optimale, au même titre qu'il nous faut décider de reproduire ou non les modèles qui mènent vers la destruction.

Aujourd'hui, je comprends que je suis l'artisan de mon propre bonheur et de mon malheur. Il ne suffit pas de dire que j'ai été victime de telle personne ou de telle relation. Je dois me relever les manches et nouer la relation amoureuse qui me rendra heureux.

SERVIR L'AUTRE

L'amour et la relation de couple forment un chemin qui va dans les deux sens. Trop de femmes se sentent encore délaissées. Elles sont accablées par les responsabilités du travail, de la maison et du couple. Les hommes se sont contentés de vivre en marge de la famille, se percevant comme des pourvoyeurs qui pouvaient quitter chaque matin la demeure familiale et revenir le soir pour s'y reposer. La relation de couple exige que chacun assume une part des responsabilités communes. On est en couple parce qu'on accepte de servir l'autre. On est en couple pour appuyer l'autre dans une entreprise commune. Si l'un des deux se sent asservi par la relation, le ressentiment finira par s'installer.

Aujourd'hui, je vois que la relation de couple exige une collaboration mutuelle. Je dois faire ma part et exiger que l'autre participe à part égale aux travaux communs.

ÊTRE SEUL EN RELATION

«J'ai été mariée pendant 33 ans et je me suis toujours sentie seule dans cette relation. Je crois que mon mari était tout simplement ailleurs. Il avait l'impression qu'une relation de couple n'exigeait aucune forme d'investissement ou d'effort. Il y avait très peu de communication entre nous. Nous n'échangions que quelques mots ici et là pour traduire l'essentiel. Mon mari a toujours semblé très heureux de cet état des choses. Il vivait sa vie sans se soucier du reste. Il arrivait à la maison et le dîner était sur la table. Il lisait son journal et ensuite passait au salon pour fumer et écouter ses émissions préférées. Pendant les quinze premières années, je croyais que la vie devait être ainsi. Mais progressivement je voyais autour de moi des couples qui vivaient, qui communiquaient et qui partageaient des expériences communes. J'ai tenté pendant plusieurs années de lui montrer qu'on pouvait vivre autrement. Henri ne voulait rien entendre. Il était convaincu que les rôles ne pouvaient pas changer. Mes interventions ne servaient qu'à attiser sa colère. Lorsque Henri est mort en 1995, j'étais si triste de pas avoir été en mesure de le rejoindre et de former avec lui une vraie complicité.»

— Béatrice P.

Aujourd'hui, je suis présent et à l'écoute de l'être cher. La vie passe tellement vite. Je n'ai pas le luxe d'attendre demain pour vivre à fond notre relation amoureuse.

UNE RELATION SÉCURITAIRE

*U*ne relation de couple doit être sécuritaire et sécurisante. Chaque être humain a besoin d'un contexte stable afin d'évoluer sur les plans émotionnel et spirituel. Sans une forme de stabilité essentielle, l'être vit dans le doute et l'angoisse perpétuels. On doit savoir où l'on se retrouve et avec qui, et savoir que notre survie ne sera pas mise en péril à tout instant. Malheureusement, plusieurs vivent dans la peur et l'insécurité. Ils se demandent si leur couple va durer, si l'autre ne décidera pas de partir demain. C'est peut-être un réflexe chez certains, de menacer de quitter ou d'expulser l'autre si les choses ne vont pas à leur façon. Mais ce réflexe spontané et irréfléchi sert à maintenir l'autre dans un état précaire, de peur de se retrouver seul et sans ressource. Le couple ne peut prospérer sans un engagement stable et immuable.

Aujourd'hui, je sais que notre couple est mon sanctuaire.

J'AI FINI DE BLÂMER L'AUTRE

Nous sommes les artisans de nos propres malheurs. Il est trop facile de rendre l'autre responsable de nos maux. En période de malentendu ou de peine, on peut croire que l'autre est responsable de notre malheur. La proximité et l'intimité du couple facilitent ce transfert de responsabilité. On entend souvent: «Je suis malheureux parce qu'elle a fait ceci ou omis de faire cela. Je dois subir les conséquences néfastes de ses actions. Je dois tenter de la corriger pour qu'elle cesse de faire telle ou telle chose. Ou du moins, je dois susciter en elle le sentiment qu'elle m'a abandonné afin qu'elle se sente suffisamment coupable pour ne plus reproduire ce comportement.»

Cette forme de transfert de responsabilité est malsaine et mène seulement à la culpabilité et aux ruptures de communication. En réalité, nous sommes responsables de ce qui se passe autour de nous. De plus, nous sommes responsables de ce qui ce passe dans notre couple. Nous sommes ensemble pour partager notre vie et nos expériences et pour travailler en équipe. Nous pouvons être malheureux de la tournure des événements mais nous sommes aussi responsables de nos réactions et de nos choix face à ces événements. Culpabiliser l'autre peut seulement affaiblir notre faculté de faire face aux difficultés de la vie.

Aujourd'hui, j'ai fini de faire porter le blâme aux autres. Je vois plus clairement que je suis responsable de la qualité de vie de mon couple et de mon bonheur en général.

FAITES-LE MAINTENANT!

O n sait qu'il n'est jamais trop tard pour fonder un couple. On sait aussi qu'avec le temps, il est plus difficile d'abandonner nos préférences; les ajustements sont moins faciles et plus contraignants et on désire moins faire des compromis. On peut passer d'une relation à l'autre en se donnant une multitude de raisons expliquant pourquoi celle-ci ou celle-là n'a pas fonctionné. Mais nous avons toujours le choix de prendre position et de nous engager à fond dans une relation amoureuse.

Aujourd'hui, j'admets que le temps passe et que je dois agir maintenant en m'engageant à fond dans ma relation de couple. La vie n'est pas une répétition. La vie demande à être vécue à fond dans toutes ses dimensions.

La maladie mentale

«Lorsque j'ai commencé à sortir avec Léa, je sentais qu'elle n'était pas totalement stable sur le plan affectif. J'étais cependant très attiré par elle et je sentais que je pouvais très bien vivre avec les soubresauts de son humeur. Après quelques mois de vie commune, je constatais que Léa avait un problème d'équilibre mental plus sérieux que je ne l'avais d'abord cru. Elle était complètement obsessive par rapport à certaines choses; par exemple, elle voulait savoir où je me trouvais à tout moment. Elle avait l'impression que j'avais été infidèle entre le moment où j'avais quitté la maison et celui où je rentrais du bureau. Elle avait aussi une obsession par rapport à la propreté. Pour elle l'appartement n'était jamais propre. Elle décelait des odeurs et des malpropretés qui minaient constamment son bien-être. Elle pouvait devenir colérique et même violente lorsqu'elle se sentait lésée. Je me suis alors rendu compte que j'avais amorcé une relation avec une femme qui frôlait la folie. Heureusement, j'étais en contact avec mon copain Marc qui voyait que je dépérissais à vue d'oeil. Il s'était toujours montré respectueux de mes choix mais, cette fois, il m'a presque supplié de quitter Léa. J'ai finalement écouté ses conseils et je crois qu'il m'a sauvé la vie. En côtoyant Léa, j'avais perdu la boussole.»

— Edward G.R.

Aujourd'hui, je n'accepterai pas de vivre auprès de quelqu'un qui mine ma santé mentale. La santé mentale et l'équilibre émotionnel sont essentiels à la survie et au bonheur.

L'AMOUR VÉRITABLE

«L'amour, le vrai, est une grâce que l'on n'atteint pas par l'effort. Il s'agit d'un cadeau de l'esprit, non de la conséquence d'une démarche. Il ne s'agit pas d'un objectif qu'il faille cibler, mais d'un trésor que l'on se voit confier. Aussi, lorsque l'amour apparaît spontanément, ne faites aucun effort et laissez-vous emporter! Lorsque vos relations intimes vous offriront des moments aussi grandioses qu'inattendus, ne cherchez pas à les analyser ou à les répéter; ouvrez votre coeur et laissez-le s'épanouir en une gerbe de lumière.»

— Daphne Rose Kingma

O n sait que l'amour ne se commande pas. Une personne peut tout tenter, l'amour ne viendra pas nécessairement. Les livres de recettes qui nous enseignent comment aimer, comment trouver et garder près de nous l'âme soeur ne nous disent pas forcément qu'on ne peut rien faire pour gagner l'amour. L'amour se donne librement ou pas du tout. On ne peut pas contraindre quelqu'un à nous aimer. Et souvent, malgré nos efforts, on ne réussit pas à empêcher quelqu'un de nous aimer. On aime spontanément, mais on peut faire en sorte de favoriser ou de détruire l'amour. À nous de choisir!

Aujourd'hui, je suis heureux d'être aimé. J'ai beau savoir qu'il n'y rien que je puisse faire pour être aimé, je peux profiter de l'amour qui est présent et favoriser les conditions qui lui permettront de fleurir.

JE CONTRIBUE ET JE LAISSE L'AUTRE CONTRIBUER À SON TOUR.

«Je crois qu'une de mes plus grandes craintes est de tout donner pour ensuite me faire plaquer comme un vieux chausson. Je crois que c'est pour cela que j'ai de la difficulté à m'investir pleinement dans une relation de couple.»

— Chantale R.

Un équilibre doit présider aux échanges relationnels. Lorsqu'un des deux conjoints y contribue plus que l'autre, la relation peut difficilement survivre. En plus de donner, je dois être disposé à recevoir. Je fais preuve de vigilance à propos de l'échange au sein du couple, car les inégalités mènent inévitablement à la déception et à l'échec. Je ne peux pas acheter le respect et l'amour de l'autre. Je dois plutôt insister sur l'égalité de l'échange.

Aujourd'hui, je comprends que la vie de couple exige de donner et de recevoir. À trop donner sans recevoir, on se sentira lésé. À trop prendre, on se sentira vide et seul. Alors, je cherche à établir un équilibre entre les échanges.

L'AMITIÉ

«Ma femme est ma meilleure amie. Je crois que notre relation fonctionne bien car nous avons toujours été de bons amis. Je dis cela car lorsque deux personnes sont amies, elles se respectent. Elles sont intéressées au plaisir et au bien-être de l'autre. Deux amis savent s'amuser ensemble mais ils respectent l'individualité et les droits de l'autre. Deux vrais amis savent qu'ils seront toujours amis et qu'ils pourront toujours résoudre leurs différends. Les bons amis ne se menacent pas et ne se disputent pas, en général. Advenant un malentendu, ils peuvent se parler calmement et chacun sait que l'autre comprendra son point de vue. Les bons amis peuvent être libres et laisser les autres s'exprimer véritablement. Les bons amis aiment se retrouver ensemble mais ne sont pas dépendants l'un de l'autre. J'aime ma femme avec tendresse et passion. Je l'aime aussi parce que nous avons été en mesure de fonder une bonne amitié durable. Je me retrouve dans la relation que j'entretiens avec elle. Je sais qui elle est et que je peux lui faire confiance. Ma femme demeurera toujours ma meilleure amie.»

— Marc-André C.

Aujourd'hui, je vois que l'amitié a un rôle dans notre couple. Je peux décider que l'être cher est mon meilleur ami.

LE POUVOIR DE LA VÉRITÉ

«...aussi longtemps qu'il y aura une distinction entre ce qui devrait être et ce qui est, les conflits surviendront systématiquement, et toute source de conflit est un gaspillage d'énergie.»
— Krishanamurti

*I*l existe une valeur sûre dans cet univers: le pouvoir de la vérité. La vérité cherche constamment à se manifester car elle est, en soi, la plus haute manifestation de la conscience et de la spiritualité. Mais ici-bas, sur terre, la vérité peut se faire rare. Il faut se montrer extrêmement tenace et vigilant pour déceler la vérité dans les choses et les événements. Un peu comme si cet univers que l'on partage avait été fondé sur un énorme mensonge et que l'esprit devait, par son courage, son travail et son intelligence, se frayer un chemin vers la vérité.

Il existe une vérité élémentaire dans la relation amoureuse: aucun homme n'est une île. Lorsqu'on s'investit corps et âme dans une relation de couple et qu'on choisit de s'y installer pour de bon, on prend une position ferme dans l'espace. On se laisse apprivoiser et on s'ouvre à une réalité qui est plus grande que l'individualité. En étant en communication et en relation constantes avec l'autre, on jette un pont entre notre réalité intérieure et la réalité extérieure. Une vérité fondamentale se trouve donc à la base de la relation du couple.

Aujourd'hui, je me rapproche de la vérité et je m'éloigne du mensonge. Lorsque que je vois les choses en face, je peux prendre des décisions éclairées. Mais lorsque je n'admets pas la vérité, je m'expose au doute et à l'échec.

LORSQUE C'EST TERMINÉ, IL FAUT TOURNER LA PAGE.

«Lorsque j'ai dit à Bernard que c'était fini entre nous, il ne voulait pas me croire. Il était persuadé qu'il pouvait regagner mon coeur. Il n'avait qu'à déployer tous les efforts pour se faire pardonner et pour retrouver ma confiance. À mes yeux, la relation était finie à jamais. Je ne pouvais plus aimer cet homme malgré tout son bon vouloir. Quelque chose au-dedans de moi avait changé. Je n'avais plus d'attirance physique ni émotionnelle envers lui. Bernard a tout fait pour me faire changer d'idée. Il m'a suppliée à chaudes larmes de lui accorder une autre chance. Impossible, je n'étais plus présente. Je ne pouvais pas revenir en arrière.»

— Ariane E.

O n sait d'instinct à quel moment une relation est réellement terminée. Mais ce n'est pas facile de mettre fin à une relation de couple, surtout si l'autre ne se rend pas à l'évidence. Ce n'est pas la somme de conflits ou de souffrance que nous avons connus qui nous fait prendre conscience que c'est la fin. Ce n'est pas l'infidélité, la violence, la culpabilité ou le mensonge qui nous font comprendre que la relation ne pourra continuer. L'un des deux partenaires doit décider que tout est fini. Et lorsque cette décision est prise de façon irrévocable, la relation prend fin.

Si j'ai conscience au plus profond de moi que notre relation est désormais terminée, je devrai l'accepter et envisager l'avenir sous un angle nouveau.

CE QUE JE POURSUIS ME FUIT.

«Longtemps j'ai été à la recherche de la femme idéale. J'étais animé par l'idée que ma vie changerait et je serais enfin heureux si je pouvais rencontrer l'âme soeur. Je n'étais pas heureux en couple car j'étais persuadé que je n'étais pas avec une femme pour moi. Je participais à un cycle interminable de relations qui menaient toujours à l'échec. Ce désenchantement et cette obsession étaient en train de gâter ma vie. Un jour, j'ai renoncé à cette quête de la femme idéale et j'ai décidé de vivre pour le moment présent. Je n'étais pas en couple lorsque j'ai pris cette décision mais déjà ma vie devenait plus sereine. Lorsque j'ai rencontré Manon, je ne sentais pas qu'elle correspondait à l'image que je m'étais faite de la femme idéale. J'aimais cependant me retrouver auprès d'elle. Après quelque temps, je me suis rendu compte que j'avais rencontré ma femme idéale. J'ai dû cesser de la chercher afin de la trouver.»
—Michel de R.

Lorsqu'on poursuit quelque chose avec acharnement sans se rendre compte de sa nature, on a tendance à faire fuir cette chose. Il est préférable d'être réceptif et d'attendre le moment opportun plutôt que de tenter de s'imposer par la force.

Aujourd'hui, je prends mes distances et j'attends avec patience ce que je désire attirer à moi.

LA BOÎTE

«De nos jours, la société nous encourage à considérer le mariage comme une boîte. Il faut d'abord se choisir un partenaire, puis entrer dans la boîte et y prendre place. Une fois l'installation terminée, on regarde de plus près la personne avec qui on partage cette boîte. Si l'on aime ce que l'on voit, rien ne change. Dans le cas contraire, il faut sortir de la boîte et se mettre à la recherche d'un nouveau partenaire. Autrement dit, on perçoit le mariage comme un état immuable et sa réussite et sa durabilité reposent sur l'aptitude de chacun à attirer un partenaire qui lui convienne. La solution retenue pour mettre un terme à un mariage malheureux, celle choisie par près de 50 pour cent des couples, est le divorce. On repart ensuite à zéro en espérant cette fois-ci choisir quelqu'un qui nous convienne davantage.»

— Harville Hendrix, Ph.D.

Aujourd'hui, je vois ma relation de couple comme étant un processus et non un état statique. Je n'attends pas de constater que je participe à une relation satisfaisante ou frustrante. Je participe à la création de la relation que je souhaite vraiment.

LA MORT DU COUPLE

«Si on analyse la situation, on voit comment la psychologie moderne contribue à la déchéance de notre société. On constate déjà ce que la présence des psychologues a fait dans nos écoles, en analysant les statistiques chez les jeunes. On peut certes parler de l'éclatement de la famille car encore là, en prônant des concepts et des attitudes d'individualité extrême et de promiscuité sexuelle, la psychologie moderne nous a poussés vers la ruine totale. La stratégie des psychologues et des psychiatres est fort simple: anéantir la vie spirituelle des individus et des familles en les convainquant, en nous convainquant, que la source de nos malaises est psychologique ou biologique.»

— Luc D.

Aujourd'hui, je vois que je suis un être spirituel et que je partage ma vie avec un autre être spirituel. Je ne me laisserai pas confondre par toutes ces fausses notions qui circulent sur la place publique.

ÊTRE SON PROPRE CONSEILLER

*T*out un chacun a des opinions. Ces opinions et ces points de vue peuvent être très intéressants et porteurs de vérité. Mais chacun doit pouvoir découvrir ses propres vérités. L'on doit faire ses propres expériences, examiner soi-même les faits et, en dernier lieu, tirer ses propres conclusions. Notre société d'experts, de spécialistes, de gourous et de chamans nous a rendus moins aptes à chercher nous-mêmes la vérité. Plutôt, nous avons tendance à nous fier aux jugements, aux analyses et aux théories des experts. Mais en dernier lieu, nous savons que nous devons vivre selon nos propres principes, nos propres vérités et nos propres valeurs.

Aujourd'hui, je m'intéresse aux opinions, aux points de vue et aux conseils des autres mais je sais, qu'en dernier lieu, je dois formuler mes propres vérités.

CÉLÉBRER LE COUPLE

«Je cherche toujours une occasion de célébrer notre relation de couple. J'aime les anniversaires et les fêtes officielles, mais je recherche aussi des occasions plus inusitées pour dire à mon mari que je l'aime. Tout récemment, par exemple, Jean-Luc est allé contester une contravention de vitesse au Palais de Justice et il a gagné sa cause. Il était vraiment fier de lui. Je lui ai dit qu'il était vraiment formidable et qu'avec le fric que nous avions économisé nous devrions lui acheter une belle chemise et dîner au resto. Nous avons passé une merveilleuse soirée ensemble à célébrer notre petite victoire et notre amour l'un pour l'autre.»

— Maryse S.

Aujourd'hui, je célèbre notre couple. Je vois que ce jour nous offre des occasions de nous réjouir et de célébrer notre vie à deux.

LES ENNEMIS DU COUPLE

«J'étais en couple avec Bianca depuis quelques années. Notre relation était harmonieuse mais, pendant un certain temps, j'ai dû consacrer beaucoup d'heures au travail. Durant ce temps, Bianca commença à s'ennuyer un peu. Elle s'était liée d'amitié avec une jeune femme célibataire et elle me demandait si elle pouvait passer du temps avec cette copine. Je n'avais pas d'objection car j'étais très pris par le travail. Après quelque temps, je ne l'entendais parler que de Linda, sa nouvelle amie. Je voyais que cette copine célibataire prenait de plus en plus de place dans sa vie. Malheureusement, je n'ai pas réagi à temps. Bianca avait, avec l'aide de sa copine Linda, commencé à se forger une nouvelle identité à l'extérieur du couple. Lorsque j'ai vu ce qui se passait, il était trop tard. Bianca était déjà ailleurs et je ne pouvais plus la retrouver.»

— Lorenzo L.

*U*ne relation de couple doit être solide pour résister aux influences extérieures. Il faut être présent et engagé pour éloigner les ennemis du couple. Il y aura toujours des individus dans notre entourage professionnel ou social, qui voudront briser notre lien amoureux et s'interposer d'une façon ou d'une autre.

Aujourd'hui, je suis plus vigilant que jamais. Je veux préserver et renforcer notre couple, alors je demeure éveillé aux influences externes qui peuvent nuire à notre relation.

SE REJOINDRE

«Lorsque Lucie a quelque chose sur le coeur, elle a tendance à se taire. Moi, lorsque je suis tracassé, j'ai tendance à le dire. Parfois je verbalise un peu trop et je dis des choses que je regrette. Cependant, je peux me vider le coeur et dire exactement ce qui me dérange. Mon défi à l'intérieur du couple a été d'exprimer mes griefs de façon acceptable. J'avais tendance à me laisser emporter et à aller trop loin dans l'expression de mes émotions. Avec le temps, j'ai appris à prendre un peu de recul et à parler avec plus d'objectivité des problèmes qui surgissent au quotidien. Aujourd'hui, je communique de façon à me faire entendre et non pour arracher la tête de ma conjointe. Je constate que le calme et l'ouverture apportent de meilleurs résultats. Lucie de son côté a dû surmonter un autre défi. Elle avait tendance à garder tout pour elle et à ne pas aborder les sujets épineux. Lorsqu'elle était en colère ou malheureuse, elle pouvait passer des heures et des jours en silence. Je me doutais que quelque chose ne tournait pas rond mais je ne réussissais pas à lui faire cracher le morceau. Peu à peu, je suis devenu plus apte à décoder ses silences et j'ai appris à la faire parler.»

— Jean-Marie G.

Aujourd'hui, j'accepte que nous soyons différents et que nous ayons trouvé nos propres façons de vaincre l'adversité. Mais je crois aussi qu'en communiquant nous pourrons nous rejoindre.

JE SUIS LÀ POUR TOI MON AMOUR.

«En 1980, j'ai accepté un poste dans bureau récemment ouvert en banlieue et qui nous obligea à déménager dans une petite ville à 60 kilomètres de Paris. Je ne pouvais pas prévoir que ce déménagement allait tout bouleverser. Nous habitions une jolie demeure à la campagne. Les enfants se sont senti dépaysés les premières semaines, mais ils ont finalement réussi à s'adapter. Toutefois, ma conjointe Sylvie, ne se fit pas à cette nouvelle vie. Elle était habituée d'être près des boutiques, de son travail, des amis et de sa famille. Voici qu'elle se trouvait à 60 kilomètres de son travail, loin de la ville et de sa famille. Je voyais qu'elle devenait cafardeuse et que la déprime s'installait. Je tentais de toutes les façons imaginables de mettre fin à son cafard, mais rien ne semblait fonctionner. J'ai tenté à plusieurs reprises de réintégrer mon ancien poste mais l'administration insistait pour dire que mes talents étaient requis à la nouvelle succursale. Je devais choisir entre mon couple et ma carrière. J'ai choisi mon couple. J'ai laissé mon emploi, nous avons vendu la maison et nous sommes retournés à Paris. Nous avons connu une situation financière plus difficile pendant quelques années, mais mon épouse a retrouvé son sourire. À mes yeux, le sourire de ma femme vaut plus qu'un poste prestigieux.»

— Martin J.

Aujourd'hui, je suis plus intéressé à ma qualité de vie qu'à l'accumulation de biens matériels et qu'au prestige social.

ÊTRE SOI-MÊME

«Ce que j'aime de Patrick, c'est que je peux être moi-même dans toutes les circonstances. Je sais qu'il m'aime pour moi-même avec toutes mes qualités et tous mes défauts. Je peux commettre une erreur sans craindre qu'il me retire son amour ou qu'il me critique. Je peux être belle ou effarouchée, plate ou comique, il me prend comme je suis. Quel réconfort! Quelle quiétude! Je sais que pour évoluer au sein de notre couple, je dois pouvoir être moi-même à tout moment et en toute circonstance. Je dois accorder cette permission à mon conjoint d'être lui-même, libre de s'exprimer et de vivre comme il l'entend. Je ne peux pas lui dire quoi penser ou quoi ressentir. Il a ses propres perceptions et sa propre réalité. Être soi-même ne demande pas d'efforts particuliers. Être soi-même, c'est être spontané, c'est s'exprimer pleinement, sans retenue. En étant moi, je suis présente et je peux faire l'expérience directe de ma relation amoureuse. En étant moi-même et en laissant l'autre être lui-même, j'ai le sentiment de grandir dans quelque chose d'authentique et de vivant.»

— Desneiges V.

Aujourd'hui, je sais que je peux être moi-même vis-à-vis l'être cher, tout comme je lui permets d'être pleinement lui-même en toutes circonstances.

LA MAGIE DU SILENCE

«Lorsque je suis auprès de Luce, j'ai l'impression de ne former qu'une seule et même personne. Nous fonctionnons quelque peu par affinité ou par télépathie. Je sais ce qu'elle pense et je sens qu'elle fait partie de mes pensées et de mes émotions. Nous pouvons passer des heures ensemble sans dire un mot tout en étant en parfaite communication.»

— Claude R.

J'ai toujours senti qu'il existe une forme de magie dans le silence. Le silence est vivant et actif. Le silence est un espace qui laisse apparaître toutes les possibilités, tout ce qui ne se manifeste pas dans la cacophonie de la vie quotidienne. Mon coeur et mon âme cherchent le silence pour pouvoir se manifester, pour pouvoir me parler. Dans les moments de tranquillité et de silence, je retrouve mon calme et mon courage et j'ai l'impression de me reposer. Je recherche donc chaque jour ces refuges de silence.

Le silence doit avoir une place au sein du couple. Lorsque deux êtres sont proches, les mots ne sont pas nécessaires. La communication est établie sans conversation.

Aujourd'hui, je cultive la quiétude et le silence.

L'AMOUR QUI TRANSFORME

«Quand nous aimons quelqu'un, nous lui permettons d'avoir un impact sur nous, de nous toucher, de nous encourager dans un sens ou dans l'autre. Nous changeons notre garde-robe et notre coiffure. Nous voyageons. Nous renonçons à nos mauvaises habitudes. Nous faisons des choses qui nous faisaient peur auparavant. Et nous ne faisons pas ces choses parce que l'autre nous l'a demandé ou l'a exigé, mais parce que, par sa présence, par son exemple, nous nous sentons naturellement enclins à changer. En fait, nous changeons souvent sans trop nous en rendre compte.»

— Daphne Rose Kingma

Le couple fournit un cadre dynamique de croissance et de transformation, d'autant qu'il fait appel à notre capacité naturelle d'adaptation. Non pas que nous devions nous contraindre à changer et à faire des compromis. Plutôt, dans l'intérêt du couple, nous faisons des choix qui s'inscrivent en faveur de l'harmonie du couple. Les choix que nous faisons, petits et grands, chaque jour viennent renforcer nos liens avec l'être cher. Vous direz peut-être que cette perception est idéaliste, mais regardez autour de vous et vous constaterez que la majorité des couples a trouvé un modus vivendi fondé sur l'adaptation mutuelle.

Aujourd'hui, je suis en pleine mutation. Je vois que je me développe et je me rapproche de plus en plus du bonheur.

LA FIDÉLITÉ DES CONJOINTS

«Pendant quelques années, nous avons formé un couple ouvert aux aventures extraconjugales. Nous agissions de la sorte dans le but avoué de ne pas mettre fin à notre relation en prenant un engagement formel. Après quelque temps, nous nous sommes rendus compte que nous étions malheureux. Au fond de moi, je souhaitais être seulement avec elle et l'absence d'engagement entre nous était devenu lourd à porter. Lorsque j'ai lui ai confié la chose, j'ai été étonné de l'entendre avouer qu'il en était de même pour elle.»

— Steve L.

Aujourd'hui, je vois clairement l'importance et la valeur de la fidélité dans un couple. L'engagement amoureux est une entente entre deux êtres, sans retenue et sans secret. Si je romps ce pacte, je viole ma propre intégrité et je voue ma relation à l'échec. Aujourd'hui, je crois à la fidélité car j'ai vécu les conséquences désastreuses du secret et de l'infidélité. La fidélité apporte la stabilité et l'accord entre les conjoints. L'infidélité déstabilise profondément un couple amoureux.

Nul ne peut sciemment prétendre que les écarts de l'être cher le laissent indifférent. Sans un cadre de conduite morale, le couple ne dure pas. L'engagement exige des efforts, de la vigilance et une honnêteté de chaque instant.

Aujourd'hui, je sais que la fidélité est une composante essentielle de notre couple.

LA LUNE DE MIEL N'EST PAS TERMINÉE.

«Moi, j'aime les six premiers mois d'une relation. Je suis là pour la lune de miel. On apprend à se connaître, on est amoureux, les rapports sexuels sont sensas et on ne voit que les beaux côtés de l'autre. On se sent revivre, pleine d'énergie, le monde est beau. Lorsque les six premiers mois tirent à leur fin, moi je tire ma révérence. Je n'ai pas le goût de faire face à toutes les emmerdes qui viennent après: faire des compromis, rendre des comptes, la passion qui tiédit et la vie nous semble de plus en plus moche. Moi, je suis là pour le plaisir, pas pour l'usure.»

— Dominique M.

La lune de miel peut se poursuivre pendant toute une vie. Cela dépend surtout de notre attitude face à l'engagement que nécessite une relation de couple. Il faut avoir envie de connaître toutes les phases de la relation. La lune de miel se passe dans notre tête et notre coeur. Chacun décide de renouveler son amour et sa passion chaque jour. Le couple demande une volonté soutenue. Il faut être intéressé autant au plaisir de l'autre qu'au sien. Ceux qui recherchent le plaisir et la facilité ne connaîtront jamais l'expérience réelle du couple. Le couple est une réalité plus grande que la réalité individuelle. Il exige la maturité et la grandeur d'esprit.

Aujourd'hui, je veux vivre ma relation amoureuse avec passion et intensité. Je n'accepte pas que notre relation deviennent routinière avec le temps. Je veux vivre chaque jour comme s'il marquait le début d'une nouvelle aventure.

L'AMOUR DANS UNE FAMILLE RECOMPOSÉE

«Lorsque j'ai rencontré Gilles, j'avais perdu espoir de refaire ma vie avec un homme. Mon premier mariage avec un Américain avait été difficile. J'avais tout fait pour rendre Jim heureux mais, malgré mes efforts, il m'a laissée avec deux jeunes enfants pour s'en retourner dans son pays. J'en ai arraché à élever mes enfants seule avec les moyens du bord. Malgré la douleur du rejet et de l'abandon, la solitude et les difficultés financières, j'ai réussi à élever mes enfants dans l'amour et la sécurité. J'ai eu très peu d'aide de ma famille et de mes amis car je crois qu'ils m'estimaient responsable de l'échec de mon mariage. Gilles est arrivé dans le décor et je l'ai à peine remarqué. Il a emménagé à côté de chez moi. Il paraissait bien, mais était plutôt timide et réservé. Il se trouvait dans une situation semblable à la mienne: deux enfants à sa charge et leur mère ne semblait pas trop intéressée de leur sort. Nous avons mis plus d'une année à nous connaître avant que la romance ne s'installe entre nous. Nous étions tous deux craintifs. Je voyais bien que Gilles était un homme calme et doux. Il ne haussait jamais la voix avec ses enfants et leur témoignait beaucoup d'affection. Je suis progressivement tombée amoureuse de lui et nous formons un couple depuis ce temps. Il m'aime avec passion et avec tendresse. Je ne me rendais pas compte à quel point la tendresse et l'amour romantique me manquaient avant de connaître Gilles.»

— Gisèle V.

Aujourd'hui, je donne une chance à l'amour. Je m'ouvre à la possibilité de découvrir l'amour de ma vie.

LA RÉPARTITION DES TÂCHES DOMESTIQUES

«J'ai été élevé à participer aux tâches ménagères. Mes parents m'ont fait comprendre que la discipline personnelle, l'hygiène et l'entraide sont essentielles au sein du noyau familial. Chacun de nous avait ses petites tâches à accomplir chaque jour: aider à la préparation des repas, laver la vaisselle après les repas, sortir les ordures, promener le chien, etc. Je vois comment cette discipline m'aide aujourd'hui dans ma vie de couple. Il existe une belle forme de collaboration entre Luc et moi. Nous sommes en mesure de bien partager le travail domestique tout en ayant l'impression de ne pas travailler, mais plutôt de s'amuser.»

— Florent M.

La qualité de la vie du couple se manifeste souvent dans les petites choses: partager une maison propre et bien décorée, se répartir les travaux ménagers, bien manger, bien dormir et s'amuser à faire les petites choses de la vie de tous les jours. Si ce travail quotidien devient le fardeau de l'un au profit de l'autre, la vie de couple peut rapidement se détériorer. Mais si on travaille en équipe avec la joie au coeur, la vie est soudainement beaucoup plus facile.

Aujourd'hui, je collabore aux tâches ménagères. Je ne laisserai pas l'autre s'occuper seul des travaux de la maison. Vivre en couple est un projet de vie qui s'inscrit au quotidien.

LA FIDÉLITÉ ENVERS SOI-MÊME

«La fidélité est la seule monnaie d'échange qui garde sa valeur dans le temps.»
— François Garagnon

La fidélité est une valeur noble. Être fidèle dans le cadre d'une relation affective ou professionnelle démontre notre maturité et notre valeur en tant que conjoint, ami ou associé. C'est en étant fidèle et en se montrant digne de confiance que l'on peut bâtir des relations solides qui résistent à l'épreuve du temps.

Mais avant d'être fidèle à autrui, on doit d'abord être fidèle à soi-même, à ses valeurs, à ses principes et à sa propre expérience des choses. Être fidèle envers soi-même, c'est reconnaître son propre droit de choisir. C'est reconnaître et apprendre de ses erreurs et se récompenser pour ses bons coups. Être fidèle à soi même, c'est s'écouter et écouter son coeur même lorsque l'environnement nous incite à suivre le groupe. C'est avoir le courage de garder ses convictions et la force de ses choix et de son individualité.

Aujourd'hui, je sais qu'en étant fidèle à moi-même, je me respecte et je me donne toutes les chances d'être heureux auprès de l'être aimé.

CE QU'AIMENT LES HOMMES

«La plupart des femmes savent ce qu'aiment les hommes. Ils aiment se faire dorloter, se faire complimenter et entendre dire qu'ils sont les plus beaux et les plus forts; ils aiment se faire servir et voir la femme dans la cuisine en train de préparer leurs petits plats favoris; les hommes aiment avoir raison même lorsqu'ils déblatèrent sur un sujet qu'ils connaissent peu ou pas; les hommes aiment donner les ordres et voir les autres y obéir; les hommes aiment faire l'amour lorsqu'ils en ont envie; les hommes aiment les femmes qui leur pardonnent tout et leur donnent l'autonomie nécessaire pour faire ce dont ils ont envie. Bien que la plupart des femmes savent ce que les hommes aiment, elles ne veulent pas toujours le leur donner. Pourquoi? Les femmes, veulent les mêmes choses.»

— Arlène D.

Aujourd'hui, je donnerai mon amour librement à l'être cher.

UNE DEUXIÈME CHANCE

«Martin m'a demandé de lui accorder une deuxième chance. Je ne pouvais pas lui dire non, mais il avait fait ce qui pour moi était totalement impensable: il a couché avec ma soeur. J'étais profondément bouleversée. Du coup, j'ai perdu toute confiance en ces deux individus. Je pouvais comprendre que ma soeur ait fait des avances à mon copain mais qu'il soit passé à l'action... Martin m'a assuré que cela ne se reproduirait plus jamais et qu'il allait tout faire pour rétablir ma confiance. Ma soeur se cachait. Lorsque je l'ai confrontée, elle m'a dit que je ne méritais pas un gars comme Martin. Selon elle, j'avais toujours tout eu et elle, beaucoup plus disponible que moi, méritait une relation heureuse avec Martin. Je me retrouvais donc angoissée à l'intérieur d'un contexte inacceptable. Combien d'années allions-nous mettre à tenter de rétablir la situation? Quel impact aurait cette situation sur notre vie de couple et sur ma vie familiale? Je me sentais trahie et humiliée. Après quelques semaines, j'ai décidé de mettre fin définitivement à ma relation avec Martin. Pourquoi? Je crois que je préférais entreprendre une relation sur des bases nouvelles. Renouer avec Martin aurait pu s'avérer un bon choix, voire meilleur, mais je ne voulais pas de ces vibrations dans mon espace.»

— Catherine O'H.

Aujourd'hui, je décide de ce que je veux et de ce que je ne veux pas. Je partage mon espace avec ceux qui m'aiment et qui me respectent.

VIVRE AVEC PASSION

«Sylvain revient du boulot et s'écrase devant le téléviseur. Je trouve cela réconfortant d'avoir un homme à mes côtés tous les jours qui ne nécessite presqu'aucun entretien. Il est toujours de bonne humeur et m'assure qu'il ne changerait rien à notre vie. Moi, je rêve de passion et d'aventure et je me dis que ce sera peut-être pour une prochaine vie.»

— Chantale P.

D'où vient la passion? Comment peut-on transformer une vie de couple ordinaire en une aventure passionnante à tous les jours? Il existe évidemment la passion du départ, lorsque nous rencontrons l'autre, mais comment pouvons-nous nourrir et faire durer cette passion toute une vie? Cette question est complexe car il existe un rapport entre la sécurité et le plaisir, entre l'aventure et le danger. Le couple doit s'alimenter de passion et d'aventure mais sans remettre en cause les bases qui permettent à chacun de se sentir à l'aise et en sécurité. La passion et l'aventure résident dans les entreprises communes. Lorsque deux conjoints se donnent un projet de vie stimulant, ils revitalisent leur couple. Ce nouveau dynamisme se fait sentir dans tous les aspects de leur vie. Les deux regardent dans la même direction et oeuvrent ensemble afin d'atteindre un objectif commun.

Aujourd'hui, je vois que l'aventure et la passion résident dans les projets communs.

LES FANTASMES SEXUELS

*C*ertains croient qu'il faille aller au bout de leurs fantasmes sexuels comme si la sexualité était une panacée. Selon eux, les pulsions sexuelles refoulées peuvent miner l'individu en brimant sa croissance émotionnelle. Et ces pulsions pourraient s'exprimer par presque tous les comportements aberrants. Ces fausses données viennent principalement des écrits de Freud, Reich et compagnie et sont fondées sur la notion voulant que nos problèmes découlent d'une sexualité infantile refoulée. Malheureusement, ces faussetés ont acquis une telle proportion que plusieurs sont persuadés qu'ils doivent imaginer et connaître toutes sortes d'expériences sexuelles inusitées.

Heureusement, il existe la relation de couple et la famille grâce à quoi deux individus peuvent avoir des relations sexuelles fondées sur l'amour, la tendresse et le renforcement des liens affectifs. En couple, on peut partager ses désirs en toute sécurité et se faire une vie amoureuse, romantique qui nous ressemble et nous rapproche. La sexualité est souvent moins contaminée dans une relation de couple car elle est une expression saine et normale de l'amour que l'on porte à l'autre.

Aujourd'hui, je vois que la sexualité appartient à la dynamique du couple.

LES IDÉES PRÉCONÇUES

Nous nous formons souvent des idées préconçues qui peuvent nuire à notre vie de couple et même à l'établissement d'une relation de couple. Ces idées préconçues peuvent naître de l'analyse de la vie conjugale de nos parents, des lectures que nous avons faites, de la publicité ou de notre éducation. Ces idées préconçues peuvent démolir notre capacité de vivre en couple, car elles sont fondamentalement de fausses informations que nous tentons de mettre en application. Par exemple, on peut nourrir l'idée qu'un couple ne doit pas se disputer. Si l'on se dispute, on peut croire que la relation ne durera pas. On peut croire qu'on ne sera pas heureux avant de rencontrer **la** personne. Et si on ne rencontre pas cette personne, on ne pourra pas fonder une relation de couple valable. On passe alors notre vie à rechercher **la** personne et on passe à côté de plusieurs candidats valables, à cause d'une idée préconçue.

Chaque personne doit faire sa propre analyse des idées préconçues qui limitent sa capacité de vivre une relation de couple heureuse. Le couple peut être une expérience dynamique et heureuse. Il s'agit de se libérer des notions et des faux principes qui nous détournent de cet objectif.

Aujourd'hui, je me libère de mes idées préconçues et je cherche à vivre le moment présent.

LES BARRIÈRES DRESSÉES À L'HORIZON

L a relation de couple peut présenter une série de barrières. Ces dernières ne déterminent pas la qualité de la relation mais plutôt notre attitude face à celle-ci. La vie elle-même nous offre une série de défis qu'il nous faut relever si nous voulons réussir et être heureux. Il en va de même d'une relation de couple. Le couple offre un contexte changeant et dynamique qui nous présente des obstacles et des barrières que nous devons surmonter si nous voulons être heureux ensemble. Parfois la barrière à notre bonheur commun existe au sein du couple même, en notre partenaire ou à l'intérieur de soi-même. Il nous faut manier toutes ces barrières, une après l'autre.

Ainsi, un couple peut être accablé de problèmes financiers. Voilà une barrière que nous pouvons et devons surmonter ensemble! La barrière peut exister chez l'autre et prendre la forme de la crainte de l'engagement à long terme, les difficultés de communication ou la peur d'un trop grand rapprochement émotionnel. Nous pouvons aider notre partenaire à franchir ses propres barrières à la vie commune. La barrière peut également être présente en nous-mêmes. Nous devons rester vigilants et ouverts pour être en mesure de surmonter nos propres limites. Les barrières ne sont ni des murs ni des prisons. Elles sont des obstacles sur le chemin du bonheur que nous décidons de surmonter ou de contourner ensemble.

Aujourd'hui, je sais qu'ensemble nous pouvons surmonter toutes les barrières.

ÊTRE AU SERVICE DE L'AUTRE

«La vie nous apprend que tout ce qui vaut vraiment d'être fait est ce que nous faisons au service d'autrui.»

— Lewis Carroll

La relation de couple exige que l'on soit au service de l'autre. Trop souvent dans le passé les hommes ont entretenu la fausse perception qu'ils étaient roi et maître du château et qu'ils pouvaient s'attendre à se faire servir par leurs femmes. Les femmes ne veulent plus accepter cette forme d'asservissement. Les rapports hommes-femmes ont changé; on s'attend désormais à ce que chacun participe à part égale à la vie commune. Mais le couple ne peut pas fonctionner si l'on refuse de servir l'autre ou si l'on se sent abaissé lorsqu'on y consent. Il peut exister à l'intérieur du couple un équilibre fondé sur l'égalité des échanges. L'égalité des échanges présuppose que l'on offre son temps, son travail et son amour et que l'autre fait de même. Les tâches et les activités de chacun peuvent et doivent varier, mais toujours dans le contexte du partage et de la confiance mutuelle.

Aujourd'hui, je sais que je peux être au service de l'autre, sans perdre son respect ni mon individualité.

LA GUERRE DES SEXES

*L*a relation de couple ne peut pas être une zone de guerre où chacun cherche par la voie de la force et de la domination à contraindre l'autre. La violence et la guérilla émotionnelle ne peuvent pas être la base de la vie conjugale. Je fais quelque chose que tu n'aimes pas et ensuite tu fais quelque chose que je n'aime pas pour me faire mal et me faire payer ce que je t'ai fait. Un tel cercle vicieux ne mène qu'au conflit perpétuel et à la rupture. On vient à accumuler tant de colère et de rancœur qu'on ne peut plus rester ensemble.

Alors comment puis-je mettre fin à ce cycle de conflits sans fin? Il faut se réveiller et se rendre compte que l'on est responsable de son bonheur et du bonheur de l'autre, et poser les armes. Lorsqu'un des conjoints cesse de faire la guerre, l'autre doit inévitablement cesser le feu. Il faut tenir le coup sans retrouver nos vieilles habitudes. Éventuellement, en faisant preuve de patience, en rétablissant la communication et en sachant pardonner, on pourra rétablir l'harmonie au sein du couple.

Aujourd'hui, je veux connaître la paix et l'harmonie avec l'être aimé.

À CEUX QUI DÉSIRENT FONDER UN COUPLE

Nous savons que malgré tous les problèmes, les conflits et les difficultés, la vie de couple nous offre de nombreux avantages. La vie de célibataire peut être viable et même divertissante, mais la vie de couple nous offre toute la richesse de l'amour et de l'engagement véritable. Ceux qui ne participent pas à une relation amoureuse savent cela d'instinct. Parfois, un célibataire qui a connu des expériences pénibles se résigne à vivre seul de peur de connaître à nouveau les angoisses du rejet et de la rupture. Un célibataire peut éprouver des difficultés à fonder une relation de couple car il se sent confiné à un espace restreint dans lequel il ne réussit pas à trouver l'âme soeur.

Malgré tout ce que nous avons vécu, l'amour est toujours possible. Le premier pas vers l'union amoureuse se fait dans notre coeur. Il faut d'abord admettre son désir de participer à la vie à deux et, dès lors que nos efforts convergent en ce sens, l'existence devient soudain plus harmonieuse.

Aujourd'hui, je vois les avantages de la vie à deux.

S'OUVRIR

«Rien ne pourra vous rendre plus heureux ou vous permettre de vous sentir plus vous-même que le véritable et honnête échange émotif avec un autre être humain. Rien n'est plus merveilleux que de pouvoir dire à quelqu'un d'autre qui vous êtes, d'ouvrir votre coeur, de révéler vos vraies couleurs, de rencontrer une autre personne à un même niveau de raffinement.»

— Daphne Rose Kingma

L a relation de couple doit s'épanouir dans un contexte sécuritaire. Un contexte sécuritaire existe pour autant qu'on puisse compter sur l'autre. Une relation est sécuritaire lorsqu'on sait que l'engagement est suffisamment fort pour résister aux épreuves de la vie. Dans une relation sécuritaire, on peut être soi-même et communiquer librement. La possibilité d'être authentique à tout moment nous confère l'assurance que l'on peut sans cesse être soi-même.

Aujourd'hui, je cherche à nous créer un contexte sécuritaire.

LES SAISONS DE L'AMOUR

«Ma relation de couple a beaucoup changé avec le temps. Je n'ai plus avec ma femme le même rapport qu'autrefois. Nous sommes ensemble depuis 1944. Les cinquante dernières années ont été remplies de changements et notre couple a dû suivre le courant afin d'assurer sa survie. Au début, j'avais des idées très traditionnelles sur le couple et la famille. Je voyais ma femme à la maison avec les enfants, tandis que moi, j'étais responsable du gagne-pain. Mais en cours de route, les rôles se sont inversés. Après 20 ans de métier comme enseignant, j'ai dû prendre ma retraite pour des raisons médicales. À l'âge de 42 ans, je me suis retrouvé à la maison en train de bricoler pendant que ma femme allait au travail. Nous avons surmonté toutes les épreuves car nous étions ensemble pour la vie. J'ai appris à connaître mon épouse et elle me connaît mieux que n'importe qui. Nous nous aimons et nous nous respectons profondément. Elle est la lumière de ma vie.»

— Maurice D.

Chaque relation de couple doit traverser ses saisons. Le printemps et l'été sont remplis d'énergie et d'accomplissement. L'automne et l'hiver nous apportent le calme et la sécurité de l'âge et de la raison. Ensemble, nous pouvons franchir toutes les étapes et surmonter tous les obstacles. Je suis à toi et tu es à moi.

Aujourd'hui, je suis là et je serai là demain. Je traverserai toutes les saisons de notre couple.

NE JAMAIS S'ENDORMIR EN BROUILLE

«J'ai appris qu'il ne faut jamais se coucher alors que nous sommes fâchés. Si on se couche sans avoir surmonté nos différends, notre sommeil sera perturbé par notre état d'esprit. De plus, en se levant le lendemain, on risque fort bien de vouloir poursuivre la dispute ou simplement d'être de mauvaise humeur. En suivant la devise: "Ne jamais s'endormir en brouille", on se discipline pour maintenir la bonne communication et on trouve plus facilement des solutions à nos problèmes relationnels. Lorsqu'on se couche pour dormir, on se repose vraiment et le lendemain, on se lève de bonne humeur.»

— Alex D.

Les liens de communication au sein du couple doivent être préservés et renforcés. Il est tout à fait normal que naissent des malentendus et des conflits mais nous devons cependant trouver des mécanismes qui nous permettent de surmonter nos différends et de rétablir une bonne communication. La plupart des problèmes liés au couple peuvent être résolus assez facilement lorsqu'on accepte de discuter et de voir le point de vue de l'autre. Pourquoi rester fâchés alors qu'il est possible de résoudre rapidement les problèmes?

Aujourd'hui, je sais que je dois toujours garder les canaux de communication ouverts entre l'être cher et moi.

L'HOMME PARFAIT

«J'ai passé ma vie d'adulte à chercher l'homme de mes rêves. Je considérais les aspects superficiels. J'évaluais les candidats potentiels en fonction de leur apparence physique, leurs manières, leur prestige et tous leurs accessoires. Je ne voyais pas l'homme derrière. Je m'étais fait une image précise de la relation de couple et ce qui en déviait n'était pas acceptable. Je m'en veux d'avoir été capricieuse et d'avoir rejeté du revers de la main plusieurs candidats. J'ai renoncé lorsqu'une amie m'a dit que l'homme parfait n'existait pas. Il faut trouver quelqu'un de compatible avec qui on s'entend bien et travailler à fonder une relation heureuse.»

— Ginette St-P.

L'homme ou la femme parfait n'existe que dans nos rêves. On ne doit pas s'empêcher de rêver, mais on doit rêver en gardant les yeux et l'esprit ouverts. Il existe des facteurs déterminants: une certaine compatibilité entre deux personnes; de l'admiration pour l'autre; se sentir aimé et respecté; être en mesure de résoudre ensemble les problèmes. Voilà les facteurs qui déterminent la stabilité et la durabilité de la vie d'un couple. Les autres aspects ne sont pas qu'accessoires mais ils ne doivent certes pas nous confondre. La beauté physique est désirable, mais le corps change avec le temps. Les biens matériels ne peuvent pas garantir le bonheur.

Aujourd'hui, je garde les yeux et l'esprit ouverts en vue d'une relation de couple en compagnie de qui désire la même chose.

LA FEMME PARFAITE

$\mathcal{N}$otre société a déifié le corps de la femme. Si on regarde autour de nous, peu de femmes correspondent au type idéal présenté dans les magazines, la publicité, la mode et le cinéma. Plusieurs femmes se sentent obligées de se contraindre à une image préfabriquée. Et plusieurs hommes sont à la recherche d'une femme qui n'existe que dans l'imaginaire collectif. Lorsqu'on accepte d'être en couple avec une femme, on accepte d'être en couple avec un être spirituel et non un corps physique. Le corps physique est une enveloppe qui véhicule l'esprit. On ne tombe pas en amour avec une enveloppe bien que l'on puisse être attiré par elle. Le corps se transforme et vieillit. L'esprit demeure toujours jeune.

Aujourd'hui, je sais que le corps se transforme et vieillit. J'investirai mon amour dans l'esprit plutôt que dans le corps.

OSER LA SPONTANÉITÉ

«J'ai lui ai dit que j'en avais marre de marcher sur des oeufs. Je ne pouvais rien faire sans devoir m'expliquer et me justifier. Lorsque Marcel a commencé à suivre des cours de développement personnel, il a changé pour le pire. Avant cela, nous avions les problèmes typiques d'un couple mais, à présent, il cherche constamment à analyser chaque action et chaque parole. Je n'ai pas envie de constamment m'analyser et me censurer. Je me fous de ce que disent les grands prêtres du développement personnel. Je veux mon Marcel.»

— Sylvie P.-B.

Lorsqu'on vit en couple, on s'abandonne à cette réalité. La réalité du couple est une co-création qui demande à chacun d'être libre et de s'exprimer librement. L'on aurait tort de chercher à analyser et à disséquer les moindres faits et gestes de chacun; la vie à deux se doit d'être vécue à tout instant, chaque jour, sans analyse savante. Lorsque les choses ne tournent pas rond, on peut vouloir chercher à comprendre et à rectifier ses actions. Mais lorsqu'on sort à l'extérieur du couple et à l'extérieur de notre réalité pour trouver des réponses, on trouve celles des autres. En travaillant ensemble et en étant sensibles aux exigences de son propre couple, on pourra toujours trouver des solutions. Souvent la solution est à la portée de la main.

Aujourd'hui, je vis ma relation de couple au maximum. Je n'ai pas de besoin de l'analyser sans cesse pour y participer pleinement.

LE BÉBÉ ET L'EAU DU BAIN

«Ne minez pas votre relation en vous concentrant sans arrêt sur ses imperfections. Toute relation a des imperfections et en aura toujours. Elles sont la ponctuation, le contrepoint de tout ce qui en fait le sanctuaire qu'elle est, mais ne leur accordez pas trop d'importance ou de temps d'antenne. Les sentiments que nous éprouvons pour les choses viennent souvent de la façon dont on en parle.»

— Daphne Rose Kingma

Lorsque l'on centre notre attention sur les aspects négatifs de notre relation de couple, on peut croire que la relation est impossible et ne pourra pas durer. Lorsqu'on est heureux et qu'on est bien dans sa peau, on est persuadé que la relation pourra durer toujours. Nos émotions viennent colorer nos perceptions. Lorsqu'on se sent mal, on peut croire que l'autre est la source de tous nos malheurs. Lorsqu'on se sent bien, on peut croire que l'autre nous apporte le bonheur. Lorsque les conflits surgissent au sein du couple, on doit se poser la question: comment mes sentiments influent-ils sur ma réaction à la situation? Parfois un peu de recul peut remettre le bon sens à l'ordre du jour. Lorsqu'on est reposé et de bonne humeur, on peut mieux affronter les problèmes de la vie.

Aujourd'hui, je centre mon attention sur les éléments positifs de ma relation de couple.

CONSOLIDER LA CONFIANCE

«Ma relation avec Caroline est fondée sur la confiance mutuelle. Je suis représentant commercial pour une grande firme d'ingénierie. Je dois voyager partout dans le monde pour négocier des ententes. Je suis absent de la maison au moins six mois par année et je peux dire, en toute certitude, que j'ai une excellente vie de couple. Je peux le dire car je sais que je peux faire confiance à ma femme et qu'elle met toute sa confiance en moi. Cela n'a pas toujours été ainsi. Nous avons passé quelques années troublées alors que nous n'étions pas à l'aise face à la fréquence et la durée de nos séparations. Nous avons beaucoup parlé ensemble mais surtout nous avons su établir une relation de confiance. La confiance se mérite certes et elle naît lorsqu'il existe des comportements stables et prévisibles.»

— François B.

Une relation de confiance se consolide au fil de l'expérience. Elle s'établit à deux, en définissant ensemble les conditions et les comportements qui préservent et renforcent cette confiance. On voit rapidement s'il est opportun de faire confiance à quelqu'un. Nos perceptions sont fondées sur nos observations et notre intuition.

Aujourd'hui, je cherche à établir une relation fondée sur la confiance. Je peux être digne de confiance et faire confiance à l'être cher.

LA BISEXUALITÉ

*D*e plus en plus de gens prônent la bisexualité. On entend et on lit de plus en plus à propos d'individus qui connaissent des expériences sexuelles avec les deux sexes et qui en viennent à se définir comme étant bisexuels. La bisexualité ne contribue pas à la vie de couple car elle introduit un nouvel élément qui n'est ni productif ni sécurisant. La tentation peut être grande de vouloir vivre de nouvelles expériences sexuelles mais on doit savoir qu'il y a toujours un coût à payer pour ce genre d'activité. Le couple repose sur une relation stable entre deux personnes de sexe opposé (et du même sexe, dans le cas d'un couple homosexuel) qui permet à chacun de découvrir et de partager son identité et son intimité. Lorsqu'on cherche à l'extérieur du couple à satisfaire ses désirs sexuels, on affaiblit le lien qui nous unit. De la même façon, lorsqu'on fait entrer une troisième personne dans le cercle intime du couple, on l'expose à des influences extérieures qu'on ne peut pas entièrement contrôler.

Aujourd'hui, je vois que la relation d'un couple est un cercle intime qui doit être sauvegardé contre les influences néfastes venant de l'extérieur.

LA VIE À DEUX FACILE

*P*arfois, nous avons l'impression qu'il y a des relations faciles et d'autres qui sont difficiles. Nous regardons à l'extérieur de notre couple et nous croyons que certains couples ont la vie facile; ils s'entendent à merveille et ne semblent pas avoir de problèmes évidents. Je crois qu'il y a des couples qui réussissent à établir un modus vivendi et d'autres pas. Il y a des couples qui ont su établir des règles de jeux et qui les respectent, et d'autres qui ne sont pas parvenus à jeter des bases stables de coopération. Si nous n'avons pas une base de collaboration stable, chaque situation problématique viendra perturber l'harmonie. Si nous connaissons les règles du jeux, nous pouvons être libres d'agir à l'intérieur des limites que nous nous sommes fixées.

Aujourd'hui, je travaille avec l'être cher afin d'établir une base stable d'entraide et de respect mutuel.

RÉUSSIR SA VIE DE COUPLE

*L*orsqu'on se rend compte que chacun est responsable de la qualité de vie du couple, on cesse de croire aux solutions et aux recettes magiques. Une relation de couple est un plat qui contient toujours un certain nombre d'ingrédients de base:

- un désir profond et inébranlable de vivre en harmonie une existence fondée sur le partage, la communication et le respect mutuel;
- un travail systématique et continu afin d'atteindre cet objectif en balayant tous les facteurs et les barrières qui peuvent nuire à l'atteinte de cet objectif;
- la faculté de reconnaître et de célébrer chaque jour la vie de couple.

Évidemment, il existe des facteurs prédéterminés qui peuvent aider ou nuire à la réalisation de cet objectif. Mais ces facteurs sont accessoires lorsque l'objectif a été clairement cerné et que nous avons entamé la démarche en vue de l'atteindre.

Aujourd'hui, je sais que je suis entièrement responsable de la qualité de ma vie de couple. Alors, j'entame la démarche qui nous mènera vers ce but.

Bâtir des réserves

Nos parents et nos grands-parents avaient bien cerné l'importance de faire des économies. Ils ont connu des temps difficiles alors que l'on avait du mal à se nourrir et se vêtir. Ces générations ont été profondément marquées par la misère et la pauvreté lors de la dépression des années 30. La société actuelle nous incite à consommer aujourd'hui et à payer demain. Et dans ce processus d'accumulation de biens matériels et d'endettement, nous oublions l'importance de faire des économies et d'accumuler des réserves.

La vie de couple peut devenir difficile si nous ne savons pas faire des économies et nous assurer des réserves financières. Lorsqu'on est toujours au dernier centime, les imprévus peuvent rapidement nous plonger dans une situation catastrophique. En accumulant des réserves, on protège le couple contre toute éventualité désastreuse sur ce plan. Si l'autre perd son emploi, on peut plus facilement faire le pont. Si nous voulons entreprendre de nouveaux projets, les ressources sont alors disponibles.

Aujourd'hui, je comprends l'importance d'assurer la gestion saine des finances familiales et de faire des économies.

SE SERVIR DE NOS ÉCHECS À BON ESCIENT

«La plupart de nos limites ne nous sont imposées que par nous-mêmes. Lorsque nous sommes convaincues de parvenir à quelque chose, en général nous y parvenons. Mais une telle conviction ne tient pas d'un voeu pieux. Prendre ses désirs pour la réalité est un acte passif; la conviction affirmée exige que l'on se fraye un chemin parmi les embûches ou qu'on sache les contourner afin de toucher au but.»

— Sue Patton Thoele

La relation de couple nous pousse à nous mesurer à la réalité objective. On doit pouvoir constater les conséquences de nos actions et en tirer une leçon. L'échec est la réponse objective de l'environnement face à nos actions. Lorsque j'échoue, je dois pouvoir déceler exactement quelles actions, quels comportements ou quels facteurs ont contribué à mon échec. L'échec comporte des leçons utiles. Il est dit qu'on apprend plus de nos échecs que de nos succès.

Aujourd'hui, je vois que j'aurai toujours quelque chose de nouveau à apprendre. Je me servirai de mes échecs pour apprendre et pour me renforcer. Je peux accueillir l'échec au lieu de tenter de le fuir ou d'éviter de courir des risques.

DEVENIR FLUIDE

*O*n entend parfois dire qu'en vieillissant, les gens deviennent plus rigides. On doit décider de devenir plus souple en prenant de l'âge. La vie de couple exige énormément de souplesse. On doit pouvoir s'adapter en adoptant de nouvelles perceptions et de nouveaux comportements. Et on peut y parvenir sans faire de compromis fondamental. En acceptant de voir la vie sous différents angles, en acceptant d'emprunter les perceptions de l'autre, on peut faire des choix plus éclairés. Il est impossible d'établir une relation de couple heureuse en se montrant rigide et intransigeant, car alors nous nous isolons.

Aujourd'hui, je suis souple et capable de m'adapter à toutes les situations qui surviennent.

CE QUE L'ON N'APPREND PAS
SUR LES BANCS D'ÉCOLE

L 'éducation est certes une chose précieuse qui contribue à la réussite. Cependant, de nombreuses leçons ne sont pas apprises sur les bancs d'école, mais plutôt dans la vie de tous les jours. Un couple est confronté aux exigences réelles de la vie à deux et de la vie familiale. Nous devons apprendre à travailler en équipe tout en respectant les désirs et les attentes de l'autre. Il est essentiel que nous apprenions ces leçons de vie si nous voulons connaître le bonheur.

Chaque jour nous apporte la possibilité d'apprendre une nouvelle leçon. Lorsque nous demeurons ouverts aux leçons de la vie, nous la traversons avec optimisme et enthousiasme. Le couple nous enseigne de nouvelles façons d'agir et de voir les choses. En demeurant ouvert à ces leçons, nous remplissons la mission fondamentale de la vie en couple.

Aujourd'hui, je demeure ouvert et réceptif aux leçons de la vie.

LES OPINIONS D'AUTRUI

*T*ous ont des opinions sur le couple. Souvent, ces opinions sont fort intéressantes et peuvent s'avérer utiles. Les gens peuvent nous dire à quels moments nous montrer tendres et à quels moments faire preuve de fermeté, comment élever nos enfants, comment résoudre nos problèmes relationnels et quoi servir au petit-déjeuner. Mais il existe une franche différence entre la personne qui vous parle de son expérience en connaissance de cause et celle qui émet son opinion. On peut acheter des opinions sur un coin de rue pour quelques sous la douzaine, mais le conseil de qui a réussi sa relation de couple vaut beaucoup plus.

On peut s'intéresser aux différents points de vue. Ils peuvent nous stimuler et nous permettre de regarder les choses sous différentes perspectives. Mais en dernière analyse, on ne peut pas fonder ses décisions sur les opinions. On doit plutôt chercher à approfondir ses connaissances en faisant l'analyse et l'expérience directe de la chose.

Aujourd'hui, je sais que les opinions peuvent être intéressantes mais il me faudra découvrir mes propres solutions.

LE COUPLE: MODE D'EMPLOI

«Pendant longtemps, j'ai cherché un manuel sur le fonctionnement du couple. Un genre de guide qui me permettrait de comprendre et d'améliorer ma capacité d'obtenir une relation heureuse et harmonieuse. Il y a certes des approches intéressantes à la vie et une abondance de livres sur le développement personnel. Mais j'ai découvert que c'est en travaillant ensemble que nous allions découvrir les réponses à nos questions. Nous pouvons définitivement nous inspirer des thèses et des stratégies élaborées par les grands penseurs, mais nous devons trouver nos propres vérités et notre propre chemin.»

— Paul D.

Aujourd'hui, je sais que je devrai me fier à mon bon sens et à mon intelligence pour fonder une relation de couple harmonieuse.

MARCHER AVEC LES SOULIERS DE L'AUTRE

«La tolérance est la charité de l'intelligence.»
— Jules Lemaître

*P*ermettre à l'autre d'être ce qu'il est, d'avoir ses propres idées, ses coutumes et ses croyances, d'aimer ce qui correspond à ses goûts, bref de vivre et de penser différemment, voilà ce qu'est la tolérance.

La tolérance commence dans le noyau de toute société, c'est-à-dire la famille. Les parents qui regardent avec bienveillance leur enfant faire ses premiers pas en trébuchant; qui partagent leur savoir et leur expérience avec patience; qui encouragent et suscitent la persévérance. L'enfant doit avoir le temps d'apprendre et de comprendre; les connaissances et le savoir s'apprivoisent peu à peu. Les paroles prononcées et le ton sur lequel on les dit se gravent dans la mémoire de l'enfant. Il n'est pas rare de voir des haines se transmettre de génération en génération.

Aujourd'hui, je vois que je dois exercer la tolérance car je désire collaborer avec les autres et vivre en harmonie. Le travail d'équipe est essentiel à la réussite; je demeure donc ouvert aux idées, aux personnalités et aux façons de faire des autres.

DÉFINIR LES CONDITIONS DE LA SATISFACTION

*O*n doit définir ensemble les conditions de la satisfaction. Cela signifie définir ce qui rendra ma conjointe satisfaite et heureuse et ce qu'elle attend de moi; clairement définir ce que j'attends de notre union et de la manière dont je parviendrai à être heureux et satisfait dans le cadre de notre couple. Évidemment, il peut y avoir des imprévus en cours de route qui pourront être négociés. Mais en définissant au préalable les conditions de notre satisfaction, nous serons en mesure d'évoluer ensemble, l'esprit en paix, en sachant ce qui est demandé de chacun. De plus, cet exercice nous oblige à bien soupeser nos besoins communs et individuels.

Aujourd'hui, je définirai les conditions de la satisfaction.

Encore un peu plus loin

*«Vingt fois sur le métier remettez votre ouvrage;
polissez-le sans cesse et repolissez-le.»*
— Boileau

*P*ersévérer… Ce mot vient de *sévère* qui en latin (*severus*) signifie inflexible. Quelqu'un qui persévère ne fléchit donc pas. Les exemples de gens ayant réussi dans leur domaine de prédilection révèlent ce même dénominateur commun, la persévérance. L'histoire de leur succès témoigne de la constance qu'ils ont su mettre dans l'effort, la persistance devant les difficultés, sans jamais baisser les bras, même si le découragement risquait quelquefois de l'emporter.

La réussite de notre vie de couple dépend de notre persévérance. Les gens qui ont passé 10, 20, 30 ou 40 ans ensemble ont su persévérer. Il ont décidé de rester ensemble malgré tout. Ils ont passé à travers les moments difficiles ensemble. Ils ont utilisé les difficultés de la vie pour se rapprocher et pour renforcer leur relation. Aujourd'hui, on est plutôt enclin à croire qu'on sera ensemble aussi longtemps qu'on sera heureux. Cette notion renferme déjà la semence de l'échec et de la rupture. Pour réussir notre vie de couple nous devons être déterminés à rester ensemble quoi qu'il advienne.

Aujourd'hui, je comprends que la persévérance provient de l'intérieur; elle ne viendra pas de mon entourage. Même si les amis peuvent m'encourager dans ma démarche, rien ne peut remplacer ma persévérance.

ÊTRE VRAI

«La force se manifeste dans l'honnêteté féroce avec soi-même. Ce sera seulement lorsqu'on aura le courage de faire face aux choses telles qu'elles sont, sans illusion ou déception, qu'une lumière pourra alors surgir de l'événement et nous guider sur le bon chemin droit.»

— Le *I Ching*

Lorsqu'on parle d'honnêteté, on pense à la qualité de celui qui ne cherche pas à voler ou à frauder les autres. Cependant, ce mot était à l'origine rattaché à la notion d'honneur. Quelqu'un d'honnête était quelqu'un de juste, digne de considération et d'estime.

L'honnêteté est une qualité essentielle que l'on doit posséder si on veut réussir notre relation de couple. On doit tout d'abord être férocement honnête avec soi-même. On doit réussir à voir les choses en face et pouvoir compter sur soi. On doit savoir qu'on a fait ce qu'il fallait et qu'on a tenu parole. On doit pouvoir affronter les situations difficiles et les problèmes sans réserve en sachant qu'on pourra apporter la meilleure solution. De plus, en étant honnête et sincère avec l'autre, on commande son respect et sa confiance. En étant honnête, on crée un contexte de stabilité affective et de sécurité en faveur du couple. Notre partenaire sait qui l'on est et qu'elle peut compter sur nous.

Aujourd'hui, je sais que l'honnêteté et l'authenticité sont des valeurs essentielles.

SEMER L'HARMONIE

«Nos vies sont ponctuées de mots gentils et de gestes gracieux. Nous nous abreuvons aux expressions marquant une courtoisie élémentaire, du genre: «Veuillez m'excuser». L'impolitesse (négation du sacrement de considération) est une autre caractéristique de notre société axée sur l'argent, carencée en spiritualité, sinon en plaisirs tirés de l'existence.»

— Ed Hays

Chaque personne désire vivre dans le bonheur et l'harmonie. Parfois on oublie que la courtoisie commence chez-soi. On peut prendre notre partenaire pour acquis et croire que, quoi qu'on dise ou quoi qu'on fasse, il ou elle restera auprès de nous. Mais la courtoisie a pour fonction d'assouplir et de rendre plus agréables les relations entre humains. On doit recourir à la courtoisie envers l'être cher pour témoigner de notre amour et de notre respect. La courtoisie contribue à l'agrément et à la stabilité affective du couple. Lorsqu'on oublie la courtoisie, les communications au sein du couple peuvent rapidement se détériorer. En étant poli et gentil, je contribue à la qualité de mon couple et j'évite les conflits et les malentendus.

Aujourd'hui, je suis courtois envers l'être cher. En étant ainsi courtois, je fais preuve de sensibilité et de respect.

QU'EST-CE QUE J'ATTENDS DE LA VIE À DEUX?

I l est parfois intéressant de s'interroger sur les attentes fondamentales que chacun entretient par rapport à la vie de couple. On peut se demander ce qu'on attend réellement de notre relation. En définissant clairement nos attentes, nous serons en mesure de mieux cerner le genre d'expérience et de relation désirées et le genre de projets qu'on souhaite réaliser ensemble. En partant du principe selon lequel on peut entretenir exactement la relation de couple que l'on désire, tout peut se négocier et tout peut être créé. Il n'est pas nécessaire de fonder notre vie de couple sur une série de compromis ou d'accepter bêtement le statu quo.

Nous pouvons définir clairement ce que nous attendons de la vie à deux. Nous pouvons fonder le genre de couple que nous désirons et nous faire la vie que nous voulons vraiment. Finis les compromis incessants fondés sur la perception voulant qu'on n'aura jamais ce qu'on désire réellement. Finie cette notion selon laquelle il faut vivre de façon «acceptable». Ensemble, nous pouvons poursuivre nos rêves et mouler la vie en fonction de nos besoins.

Aujourd'hui, je peux communiquer ce que j'attends de la vie en couple. Je peux aussi être réceptif aux attentes de l'être cher.

PRENDRE POSITION

*P*our réussir notre couple, nous devons être en mesure de prendre position. Si l'on croit que l'on peut entreprendre quelque chose et y mettre fin en cours de route si l'on s'aperçoit que l'on ne s'aime pas vraiment, on ne se donnera jamais pleinement et on n'atteindra pas les objectifs fixés. La réussite demande un engagement sans réserve et sans condition. On doit prendre position et se dire: «Je suis ici jusqu'au bout quoi qu'il advienne.» C'est une question de ténacité, mais surtout une question d'engagement total. Lorsque je prends position et que je décide d'aller de l'avant, j'envoie un message puissant à travers tout l'univers. Si je me donne la possibilité de reculer ou d'abandonner en cours de route, je lance également ce message à l'univers.

Aujourd'hui, je prends position en décidant de poursuivre ma relation de couple.

RÉUSSIR UNE ÉTAPE À LA FOIS

«Aujourd'hui, je sais qu'avant de courir, je dois apprendre à marcher. Lorsque je veux atteindre un objectif spécifique, je sais que je dois y aller par étape. Une cause fréquente de l'échec en affaires est lorsqu'on tente d'évoluer trop rapidement et qu'on brûle les étapes. La réussite implique le progrès graduel fondé sur la consolidation. La consolidation implique que notre prochaine action repose sur un certain nombre d'acquis et sur la stabilité qui vient lorsqu'on a bien complété les étapes préliminaires du projet.»

— Réussir, un jour à la fois

Nous entretenons la fausse perception selon laquelle une fois l'être cher trouvé, notre vie sera transformée par magie et nous serons heureux jusqu'à la fin de nos jours. L'expérience de la vie de couple nous enseigne autre chose. Nous devons établir une relation de couple étape par étape. La récompense en est de savoir qu'on peut vivre à deux et contribuer au bonheur d'au moins une autre personne. Certains possèdent plus d'habiletés naturelles pour réussir leur vie de couple que d'autres. Ces personnes ont peut-être un tempérament plus souple ou ils ont profité de la présence d'un bon modèle. Mais la vie de couple n'est pas réservée aux gens qui ont grandi au sein d'une famille idéale. Chacun peut fonder une relation de couple heureuse en acceptant d'être là, d'apprendre et de s'ajuster.

Aujourd'hui, je sais que je peux réussir ma vie de couple si j'accepte de franchir une étape à la fois.

LA FORCE ET LA FAIBLESSE

«Grâce à un effet du hasard, un homme peut régner sur le monde pendant quelque temps; mais en vertu de l'amour et de la bonté, il peut régner sur le monde à jamais.»

— Lao-tzu

*B*eaucoup n'ont pas encore compris que l'on ne peut pas dominer, contrôler ou asservir l'autre en utilisant la force et l'agressivité. Nos sociétés sont de plus en plus violentes et l'on tente de régler nos différends en recourant à l'intimidation et à la violence. La violence répand la violence. La force provoque une réaction de force égale. L'univers est ainsi structuré. Seules la bonté, la douceur et la compassion peuvent faire s'écrouler les murs qui nous séparent.

Aujourd'hui, je vois que la bonté est la voie qui mène vers les plus hauts niveaux de conscience et d'action. Je laisse de côté l'intimidation et l'agressivité et j'adopte des attitudes et des comportements fondés sur l'amour et la compassion.

AIMER, APPRENDRE ET GRANDIR

«Nous, qui avons connu les camps de concentration, nous souvenons de ceux qui ont réconforté les leurs, qui ont donné leur dernière bouchée de pain. Peut-être étaient-ils peu nombreux, mais ils ont fourni la preuve que l'on peut tout enlever à un homme, sauf une chose: la dernière des libertés humaines, celle de choisir son attitude, quelles que soient les circonstances, choisir sa voie.»

— Victor Frankl

On peut vivre une grande vie ou une vie mesquine. On peut choisir d'être bon, intègre et sincère comme on peut choisir d'être introverti, indifférent et superficiel. On peut choisir entre le monde des apparences ou celui de la vérité et de la lumière. Nous ne sommes pas ici pour accumuler des biens matériels ni pour honorer notre corps physique. Nous sommes ici-bas pour aimer, apprendre et grandir.

On peut entreprendre cette manifestation de bonté et d'amour dans le cadre d'un couple car c'est là que nous vivons. En montrant de la tendresse et de la bienveillance à la personne qui partage notre intimité, nous lançons un signal à l'univers: je sais comment aimer; je sais comment vivre avec compassion et affinité.

Aujourd'hui, je veux vivre une grande vie et me prouver que je sais aimer et vivre avec compassion en tout temps.

«Une vie alliée à la mienne, pour le reste de nos jours... Tel est le miracle du mariage!»
— Denis de Rougemont

L e mariage est un engagement total et permanent. Le mariage est un contrat sacré entre deux êtres qui veulent s'unir car, étant unis, la vie prend un sens nouveau, un sens plus large. Le mariage est le fondement de la société. Il assure la sécurité des individus et permet la procréation de l'espèce dans un contexte équilibré. Le mariage est le noyau de la communauté, de la paroisse, de la ville et de la patrie. Sans le mariage, nos sociétés glissent progressivement vers le chaos et la déchéance.

Le mariage nous offre plusieurs récompenses: il nous procure la stabilité affective; il nous offre sécurité et paix d'esprit; il nous permet de vivre et d'évoluer au sein d'une famille et, de ce fait, nous offre une vraie connexion à la vie; il nous donne des alliés; il nous protège contre les éléments dangereux de la société; il nous impose une disciple personnelle et une discipline familiale; le mariage nous offre une plus grande sécurité financière. Le mariage, en plus de combler nos besoins primaires d'amour, de sexualité et de sécurité, nous permet de fonder des alliances stratégiques et d'étendre notre champ d'influence. Ceux qui croient que le mariage est le symbole de l'emprisonnement ou du renoncement à l'individualité ne connaissent pas ce qu'est le mariage.

Aujourd'hui, je te choisis pour le reste de nos jours.

LE BONHEUR DES UNS

«Ce qui me rend hors de moi, c'est que je dois payer pour subvenir à des enfants sans pouvoir profiter de la vie à deux. Mon ex-femme exige une pension alimentaire que je dois payer tous les mois. En plus, j'ai la garde des enfants à tous les deux week-ends. Je dois donc avoir un logement suffisamment grand pour les accueillir. Chantale a refait sa vie. Elle a un bon emploi. Elle possède une maison et une voiture. Moi, je dois trimer dur pour payer pour les enfants et je vis dans un quatre et demi. C'est elle qui m'a quitté. Moi j'aurais été heureux de poursuivre notre relation. Pourquoi dois-je payer pour ses décisions à elle?»
— Serge M.

I l existe des règles concernant les relations de couple. Plusieurs croient que ces règles devraient être encore plus strictes parce qu'un bon nombre d'individus ne veulent pas prendre leurs responsabilités par rapport au couple, aux enfants et à la famille. Ils se contentent d'utiliser le couple pour leur gratification personnelle. La société s'est dotée de lois afin de protéger l'intégrité des couples et des famille car trop d'individus refusent de faire face à leurs engagements. La vie de couple engendre des responsabilités à long terme, particulièrement lorsque des enfants sont en cause. Il vaut mieux investir dans une relation durable que de ramasser les pots cassés. Mais si la relation doit prendre fin, chacun doit assumer sa part de responsabilité.

J'accepte d'assumer l'entière responsabilité de mon couple et de ma famille, aujourd'hui et à jamais.

LA SCÈNE IDÉALE

«Vous devez accepter la vie comme elle se présente, mais vous devriez essayer de faire en sorte qu'elle se présente comme vous aimeriez qu'elle soit.»

— Ancien proverbe allemand

Le couple est un contexte que l'on façonne à deux. La scène idéale est le contexte idéal qu'on désire créer. On peut s'approcher ou s'éloigner de la scène idéale. Lorsqu'on s'approche de la scène idéale, on le sait car on l'a déjà imaginée. Et lorsqu'on s'éloigne de la scène idéale du couple, on doit agir afin de rectifier la situation. Ensemble, nous devons utiliser nos ressources, nos talents et notre imagination pour créer la scène idéale.

On peut accepter passivement ce que la vie nous offre ou on peut travailler, en tenant compte de la réalité qui prévaut, pour créer un contexte qui comble nos attentes et nos désirs. Le contexte du couple n'est pas prédéterminé, il peut être malléable.

Aujourd'hui, je m'approche de la scène idéale pour notre couple.

L'AMOUR EN TANT QUE DEVOIR

«L'amour ne consiste pas toujours à faire ce qu'on "a envie" de faire. L'amour est également un devoir, ce que nous avons choisi de faire, parce que nous avons pris l'engagement d'aimer. Les devoirs de l'amour nous imposent d'aller au-delà des impulsions provoquées par les sensations momentanées, et de tenter de faire ce que l'amour nous commande plutôt que ce qu'il nous fait ressentir.»

— Daphne Rose Kingma

Chaque individu en société doit se donner un code de conduite morale. Le couple nous permet de nous élaborer un code de déontologie personnel qui prévaudra en permanence, au profit de notre survie et de notre bien-être. Les devoirs du couple sont fondamentalement des responsabilités morales que nous prenons envers l'autre afin d'assurer la survie du couple. Le couple demande une présence physique, émotionnelle et morale. Chaque action que nous accomplissons qui contribue à l'harmonie, à la croissance et à la prospérité du couple est remboursée en satisfaction, en fierté et en épanouissement personnels.

Aujourd'hui, j'accueille les devoirs moraux, physiques et émotionnels du couple.

DEVENIR UNE SOURCE D'INSPIRATION
POUR L'AUTRE

«Lorsque j'ai rencontré Bernard, il était très actif, champion de tennis et hockeyeur respecté. En plus de son travail et d'une vie sociale active, il s'intéressait aux indices boursiers et à l'actualité politique. Après notre mariage, mais surtout après la naissance de notre premier enfant, Bernard a vite sombré dans la routine. Il a laissé tomber ses activités sportives et ses autres champs d'intérêt pour structurer sa vie en fonction du boulot et de la maison. Je n'ai jamais compris pourquoi il avait renoncé aux activités qui mettaient du relief dans sa vie.»

— Jeannette G.

Certains entreprennent une relation de couple et se disent: «Voilà c'est fait! Je peux me reposer maintenant que j'ai trouvé la sécurité émotionnelle.» La relation devient alors une cachette où se réfugier de la vie. On se contente de faire l'essentiel et pas plus. Mais faire l'essentiel n'est jamais suffisant; on doit aller au-delà des attentes minimales et toujours faire des pas vers l'avant. Ce qui ne bouge pas finit par dépérir et disparaître. En étant une source d'inspiration pour l'autre, en se montrant dynamique et intéressé, on assure la survie et la croissance du couple.

Aujourd'hui, je ne tomberai pas dans la facilité car je sais que je dois progresser. En étant actif et en entreprenant de nouveaux projets, je sers de source d'inspiration à l'être aimé.

LE PRINCIPE DE L'INACTION

*D*ans son livre le *Tao Chi Chin*, Lao-tsu expose les vertus de l'inaction. L'inaction est la faculté d'attendre, d'observer, d'écouter et de découvrir avant d'agir. Chaque événement est mû par sa propre dynamique en rapport avec les lois de l'univers. Parfois, la plus grande erreur que nous puissions faire est d'agir plutôt que de laisser les choses suivre leur cours. L'être impatient ne prend pas le temps de découvrir, il se précipite à pieds joints dans l'action et vient perturber l'ordre naturel des choses. Il y a là un message important. L'action doit se dérouler en harmonie avec la situation; il est parfois, préférable de ne pas agir et de laisser les événements suivre leur cours.

Il existe une dynamique au sein du couple qui naît de l'effet conjugué de deux êtres spirituels qui cherchent à survivre et à se manifester. Cette dynamique peut prendre la forme d'une danse harmonieuse ou d'une bousculade interminable. En étant réceptif à la dynamique inhérente au couple, on peut s'ajuster. Lorsqu'on cherche à s'imposer, on peut perturber la dynamique même du couple. On doit regarder et écouter avant d'agir. On doit même parfois décider de ne pas agir et de laisser les choses suivre leur cours naturel.

Aujourd'hui, je suis attentif à la dynamique fondamentale de ma vie de couple. Je ne cherche pas à précipiter les choses mais plutôt à m'harmoniser aux lois naturelles qui régissent les rapports entre les êtres.

LES GRANDES VICTOIRES

Le chemin de l'amour et de l'engagement authentique est semé de petites et de grandes victoires. Nous pouvons profiter chaque jour des petites victoires: les activités communes, les mots et les gestes d'amour qui réchauffent le coeur et les petites faveurs qui font plaisir. Nous devons aussi célébrer les grandes victoires: être ensemble et communiquer malgré le stress et les conflits au sein du couple; la naissance d'un enfant en santé; les améliorations de la qualité de vie dues aux efforts de promotion ou la réussite en affaires; les anniversaires de mariage. En centrant notre attention sur les victoires plutôt que sur les défaites, nous nous donnons de meilleures chances de réussir notre vie de couple. La vie est ponctuée d'événements plus ou moins agréables. Mais si on recherche les victoires, on voit que la vie de couple devient plus dynamique et plus facile. Ensemble, nous réussissons chaque jour. Ensemble nous marquons de petites et de grandes victoires.

Aujourd'hui, je profite des petites victoires en attendant les grandes.

ENTRE LE RÊVE ET RÉALITÉ

«Pour se rendre à la terre promise, on doit pouvoir se négocier un chemin à travers la jungle.»
— Herb Cohen

Entre nos rêves et leur réalisation, il existe tout un monde. Dans ce monde réside les solutions à des problèmes, les embûches, les ressources, les barrières et toutes les autres choses qui entreront en genèse dans la réalisation matérielle de nos rêves. Nous devons résider dans ce monde de transmutation à tous les jours et chercher à en tirer profit. Nous sommes deux êtres spirituels qui vivent dans un monde matériel; alors pour préserver notre amour, nous devons composer avec la réalité qui prévaut. Ensemble nous pouvons assurer la matérialisation de nos rêves. Notre intention commune est plus forte que la réalité ambiante. Ensemble nous pouvons nous imposer et faire vivre tout ce que nous souhaitons. Nous partons de l'idée que nous pouvons réaliser tous nos projets de même que nous pouvons trouver des solutions à tous nos problèmes.

Aujourd'hui, je sens que nous pourrons surmonter toutes les barrières et vivre heureux ensemble.

Un homme parmi tant d'autres

«Lorsque j'ai séjourné chez les Wayanas, une tribu primitive de l'Amérique du Sud, j'ai été surpris de constater la nature des relations entre hommes et femmes. Pour les hommes de la tribu, toutes les femmes sont semblables. Et pour les femmes de la tribu, tous les hommes sont les mêmes. Ils ne voient pas de différence entre eux et ne manifestent aucune préférence envers l'un ou l'autre. Au chapitre des relations de couple, tel homme est aussi bon et aussi beau que tel autre homme. Je me suis rendu compte que nos notions d'amour romantique fondées sur la sélection de l'âme soeur avaient été entièrement fabriquées en cours de route.»

—Jean F.

Notre culture met beaucoup d'emphase sur la sélection du partenaire idéal. Si on estime avoir fait un mauvais choix, on doit se remettre à la recherche de l'âme soeur. Nous avons beaucoup misé sur le culte de l'individualité et de la différence. Évidemment, nous ne vivons pas dans une tribu primitive, mais cette obsession envers l'être qui nous convient parfaitement nous aveugle partiellement devant la situation réelle. Lorsqu'on vit dans l'espoir constant de trouver l'âme soeur, on ne peut pas être présent pour ceux qui nous aiment et pour l'être qui pourrait devenir, avec le temps, l'âme soeur.

Aujourd'hui, je sais que l'âme soeur est déjà à mes côtés.

LA CRITIQUE

«Au lieu de condamner les gens, essayons plutôt de les comprendre. Essayons de comprendre pourquoi ils agissent comme ils le font. Cela s'avère beaucoup plus profitable et intéressant que la critique et génère beaucoup plus de sympathie, de tolérance et de bienveillance.»

— Dale Carnegie

*D*ans la vie de tous les jours, on fait face à des tas de situations inusitées. On s'interroge sur les motifs et les comportements des gens. Parfois, un membre de notre entourage fait quelque chose qui nous déplaît énormément et qui semble nous éloigner de nos objectifs ou nuire à notre bonheur. On peut vouloir réagir avec colère ou avec impatience, mais il vaut mieux s'accorder un délai avant d'agir car la critique virulente ne contribue à rien.

La plupart du temps, la personne qui nous a causé du tort croyait agir pour le mieux. C'est en dialoguant, en échangeant avec les gens que nous pourrons établir des liens durables fondés sur l'entraide. La critique ne génère que la mésentente et est toujours moins efficace que le dialogue constructif.

Aujourd'hui, je crois au dialogue constructif car la critique virulente ne sert à rien.

Bien se connaître

«Hervé et moi nous sommes mariés à 19 ans. Nous subissions la pression de notre entourage qui nous incitait à nous marier. Je crois que nous aurions été heureux de nous fréquenter encore quelque temps et de vivre ensemble avant de faire le grand saut. Notre mariage a été de courte durée. Je crois que le mariage est venu détruire une belle relation. Nous nous sommes retrouvés avec plein de responsabilités et des problèmes de vie commune.»

— Sophie L.

*A*vant de s'engager, on doit apprendre à connaître l'autre mais on doit surtout apprendre à se connaître soi-même. La plupart du temps, la vie de couple demande une préparation mentale et émotionnelle à laquelle il faut consacrer quelques mois, voire plusieurs années. Certains doivent connaître de nombreuses expériences avant d'être disposés à s'engager dans la vie de couple. Tout au long de notre vie, on apprend à se connaître; connaître ses attentes, ses désirs, ses forces et ses faiblesses. À un moment donné, on se connaît suffisamment pour faire confiance à ses propres choix. Certains parviennent à cette maturité plus vite que d'autres. Avant de se lancer dans l'aventure de toute une vie, il est préférable de prendre le temps de cerner les conséquences de ce choix. En se préparant, on met toutes les chances de son côté.

Aujourd'hui, je comprends l'importance d'une bonne préparation en vue de toute entreprise de longue haleine.

CHERCHER L'AMOUR AUX MAUVAIS ENDROITS

«J'ai passé une bonne partie de ma vie d'adulte à chercher l'amour plutôt que de créer l'amour. Je croyais à tort que, si je cherchais activement l'âme soeur, je finirais par la trouver. Je sortais dans les bars. Je participais à des rencontres de célibataires. Je recherchais les activités de groupe pour faire la rencontre de ma vie. Cette méthode active m'a certainement permis de faire de nombreuses rencontres et d'entretenir des liaisons amoureuses. Mais les femmes que je rencontrais ne correspondaient pas à celle que je recherchais. C'est au moment où je m'y attendais le moins, alors que je ne cherchais pas du tout, que j'ai fait la rencontre si espérée. J'étais assis tranquillement dans mon salon lorsqu'elle a sonné à la porte. Madeleine faisait des sondages politiques. Je suis tombé amoureux d'elle au premier regard.»
— Jean-Charles L.

Notre intention détermine davantage notre avenir que nos gestes. Lorsqu'on a l'intention de rencontrer l'âme soeur et qu'on prépare son coeur pour recevoir cette personne dans sa vie, on envoie un signal puissant dans l'univers. L'intention n'est pas le désir ou l'espoir, c'est la certitude qu'on atteindra tôt ou tard l'objectif qu'on s'est fixé. Lorsqu'on a l'intention d'atteindre un but et que cette intention est inébranlable, presque rien ne peut nous en empêcher.

Aujourd'hui, j'ai l'intention de vivre une relation de couple merveilleuse.

AIMER SANS RÉSERVE ET SANS CONDITION

«Nous cherchons l'amour, car nous savons au plus profond de nous que nous ne pouvons vivre sans lui. Nous portons cette intime conviction dans chaque battement de notre coeur, dans notre moindre souffle. Voilà pourquoi l'amour demeure notre objectif suprême, quels que soient nos autres buts; il forme notre quête la plus passionnée.»

— Daphne Rose Kingma

Il existe en chacun de nous un profond désir d'aimer et d'être aimé. Peut-être ne sommes-nous que pur amour qui cherche à se manifester. Les conventions sociales, les dangers de la société et la perversion de l'amour refoulé nous poussent peut-être à cacher notre vraie nature. Nous voyons cette vraie nature chez les enfants qui aiment spontanément sans retenue. Leur affection et leur désir de communiquer est si pur et si constant que nous en sommes parfois désarçonnés. Nous nous souvenons avoir été comme eux, il n'y a pas si longtemps, alors que nous donnions notre amour sans réserve et sans condition.

Aujourd'hui, je suis en contact avec ma vraie nature. J'aime sans réserve et sans condition car je suis amour.

LE POINT DE VUE DE L'AUTRE

«S'il existe un secret à la réussite, il réside dans la capacité de cerner le point de vue de l'autre et de pouvoir voir les choses sous cet angle en plus de notre propre point de vue.»

— Henry Ford

Chaque personne a ses préoccupations et ses désirs propres. Si l'on s'obstine à vouloir persuader les gens de voir les choses à notre façon afin de combler nos propres impératifs, on sera vivement déçu. On doit pouvoir cerner ce que l'autre veut et la façon dont il voit les choses. On obtiendra l'appui de l'autre lorsqu'on sera en mesure de l'aider à réaliser ses propres objectifs.

Aujourd'hui, je sais que si je veux vendre un produit ou un service il devra être en mesure de combler des besoins et des désirs. Je dois pouvoir entendre clairement les objections et les préoccupations de mon client si je veux être en mesure de le persuader. Il en est de même pour mon partenaire.

LA PLUS GRANDE RÉCOMPENSE

«Dites aux gens à quel point vous vous sentez bien lorsqu'ils ont fait quelque chose correctement et en quoi cela aide à l'organisation et à leurs collègues de travail.»

— Kenneth Blanchard et Spencer Johnson

*T*out se passe comme si cela allait de soi. On vit à deux et on est persuadé que l'autre sait à quel point on l'aime et on l'estime. On s'échange des cadeaux aux anniversaires. On fait des sorties et on se téléphone pour discuter mais on oublie quelque chose d'essentiel: la plus grande récompense vient du fait d'être apprécié et de recevoir la reconnaissance verbale de nos qualités. Voilà ce qu'on oublie trop souvent: reconnaître de vive voix et sincèrement à quel point on apprécie notre partenaire.

Aujourd'hui, je prends le temps de complimenter, de souligner mon appréciation et d'encourager l'être aimé.

METTRE FIN À UNE RELATION MALHEUREUSE

*U*ne relation de couple, au même titre qu'une relation professionnelle, doit être fondée sur l'intégrité, la communication et l'intérêt réciproque de chaque partie. Pour entrer en relation, on doit pouvoir faire confiance à l'autre et on doit soi-même être digne de confiance. Lorsqu'on se sent constamment lésé, on doit faire enquête afin de déterminer quel est le fondement de ce sentiment. La majorité des situations et des problèmes relationnels peuvent être surmontés grâce à un dialogue franc et ouvert. Mais, si la situation qui me tracasse se poursuit malgré les mots rassurants, je dois réagir.

On peut croire que la rupture nous plongera dans la solitude et la dépression. Ceci peut être vrai à court terme mais, à long terme, on sera gagnant car on aura éloigné une source de tourments et de mensonges.

Aujourd'hui, je sais que je dois mettre fin à une relation de couple malheureuse. Mon bien-être et mon équilibre mental et émotionnel doivent primer.

PASSER L'ÉPONGE

*L*a vie quotidienne fournit maints exemples de gens qui nourrissent du ressentiment envers un collègue, une connaissance, un membre de leur famille. Cela peut durer des jours, des mois, voire des années. Nous connaissons tous des gens qui ne peuvent ou ne savent comment pardonner et qui entretiennent la rancune et le ressentiment.

La vie de couple exige que l'on puisse parfois passer l'éponge. Il faut savoir accepter et pardonner les petites transgressions comme les plus importantes. Sans cette capacité de pardonner, la vie de couple se transforme en enfer.

Aujourd'hui, je pardonne.

SUIVEZ DES COURS ENSEMBLE

*P*ourquoi ne pas suivre des cours de formation ensemble? Vous pouvez vous inscrire à des cours de natation, de danse, de poterie, d'informatique, de motivation ou de langue seconde. Lorsqu'on suit un cours de formation en couple, on apprend, on fait de nouvelles rencontres, on sort de la routine quotidienne et on se donne des objectifs et des activités communs. Chacun a besoin d'une stimulation extérieure. En suivant un cours ensemble, vous parferez vos connaissances dans un domaine d'intérêt commun, tout en accomplissant quelque chose à deux.

Aujourd'hui, je vois que la vie est un processus d'apprentissage. Pourquoi ne pas joindre l'utile à l'agréable en suivant un cours de formation ensemble?

AUJOURD'HUI, JE TE DEMANDE
CE QUE JE PEUX FAIRE POUR TOI.

«Ne demandez pas ce que votre patrie peut faire pour vous. Demandez plutôt ce que vous pouvez faire pour votre patrie.»

— John F. Kennedy

Quand on souhaite réussir sa vie de couple, on ne doit pas se demander ce que le couple peut faire pour soi mais ce que soi on peut faire pour le couple. Le couple est une entreprise en coopérative. Plutôt que se préoccuper uniquement de ses propres besoins, on centre son attention sur les besoins de l'autre et du couple. Ce faisant, on trouve de nouvelles solutions aux problèmes de la vie commune.

En général, les gens sont fondamentalement préoccupés de leurs propres besoins et s'intéressent peu à ceux des autres. Le couple exige un changement à 180 degrés de cette perception. Les besoins du couple et ceux de l'autre doivent importer autant que nos besoins individuels. Les besoins du couple et ceux de l'autre deviennent alors nos besoins propres. Nous vivons dans la perspective du couple.

Aujourd'hui, je suis préoccupé par les besoins de notre couple et par ceux de l'être cher.

CHACUN DOIT SAVOIR QU'IL EST IMPORTANT.

*O*n n'apprend pas forcément sur les bancs d'école à s'intéresser aux autres. Mais l'intérêt sincère que l'on porte envers l'autre est souvent déterminant. Chacun est préoccupé de son sort et connaît surtout ses propres désirs et ses besoins particuliers. Toutefois, afin de réussir une relation de couple, il faut s'intéresser à l'autre. On doit pouvoir considérer les choses de son point de vue autant que du nôtre. On doit pouvoir lui démontrer que l'on s'intéresse sincèrement à lui, à ses besoins et à la satisfaction de ses besoins.

Aujourd'hui, je m'intéresse à l'être cher.

PRÉPAREZ VOS MOUCHOIRS!

Comme des vagues sur la plage, les sentiments viennent et puis repartent. On peut rester accroché à un sentiment en particulier comme on peut le laisser venir et puis repartir. On peut se sentir triste, mélancolique ou en colère. Ces sentiments surviennent tout d'un coup. On peut agir en fonction de ses sentiments. On peut aussi les laisser apparaître et puis repartir sans trop s'en préoccuper. Et lorsqu'ils repartent, le calme revient. On n'a pas à résister aux sentiments; on peut les accueillir et les apprivoiser.

Aujourd'hui, j'accueille tous mes sentiments afin de les connaître et de les apprivoiser.

LORSQUE L'AMOUR S'EN VA

«J'étais amoureuse lorsque je me suis mariée, il y a plus de vingt ans. Mais à présent il n'y a plus d'amour entre nous. Nous vivons encore ensemble par nécessité et par habitude. Nous avons des rapports intimes de temps en temps mais c'est par devoir et non par envie. Je pense alors à quelqu'un d'autre et je sais qu'il est ailleurs lui aussi. Notre couple est devenu un arrangement économique que nous tolérons plutôt qu'une union fondée sur la complicité et l'amour.»

— Irène T.

Le couple peut devenir une prison. Deux individus qui se sont fait du mal et ont souffert peuvent choisir d'abandonner la relation et de se replier sur eux-mêmes. Les conditions qui prévalent en société ne facilitent pas toujours la séparation d'un couple. On accepte une situation difficile de peur de se retrouver seul et sans ressource. Mais aussi longtemps qu'il y aura de la vie, il y aura de l'espoir. On peut réanimer une relation morte. On peut retrouver l'amour perdu. Cette tâche est évidemment énorme. Mais la puissance de l'amour et de la communication peut faire fondre des murs d'acier. En ouvrant son coeur, malgré les blessures du passé, on peut retrouver l'amour qui reste là, enfoui. Du moins, en faisant l'effort d'affronter la situation, on peut décider d'en finir une fois pour toutes et de recommencer sa vie à zéro. Nul ne doit accepter une relation de couple sans amour ni passion.

Aujourd'hui, je n'accepterai plus de vivre une relation sans amour et sans passion.

TOUS CES PETITS GESTES

«La délicatesse, ce merveilleux élan du coeur de l'espèce humaine, se manifeste de la façon la plus significative dans les petits gestes.»
— Mary Botham Howitt

Le mot courtois est le plus ancien des adjectifs se rapportant à l'idée de politesse. Il nous vient du moyen âge, alors que naissait un nouveau mode de vie opposé à l'idéal guerrier de l'époque. On désignait par ce mot l'affinement des moeurs et de la sensibilité. On peut donc dire que la politesse et la courtoisie ont été inventées pour adoucir le monde et le rendre plus beau.

La courtoisie implique des gestes très simples: saluer quelqu'un, céder le passage, offrir son siège dans le bus. Pas besoin d'être riche ou adulte pour se montrer courtois. Les attitudes polies ne connaissent pas les barrières de l'âge ou de l'argent.

Aujourd'hui, je vois que la courtoisie entre les conjoints fait naître la bonne entente et le respect.

LA DOUCEUR

«Je crois que l'homme fera plus que durer; il prévaudra. Il est immortel, non pas parce que de toutes les créatures il est le seul dont la voix est infatigable, mais parce qu'il a une âme, un esprit capable de bonté et de compassion.»
— William Faulker

La douceur sera toujours plus perçante, plus pénétrante que la force brute. Comme l'eau qui démontre sa force dans le fait qu'elle ne résiste pas, mais qui peut, par son action, transformer la pierre en sable. Les plus grandes victoires sont remportées grâce à la douceur. La douceur permet d'apprivoiser et de faire fondre toute résistance.

Un jeune enfant souriant, le pelage soyeux d'un chaton, une légère brise au printemps, la caresse d'un être aimé, autant d'images qui évoquent la douceur. La douceur est à l'âme ce que la grâce est au geste. Nulle place pour la brusquerie ou la vulgarité.

Aujourd'hui, j'utiliserai la douceur pour faire tomber les murs qui nous séparent.

LE STRESS

L orsque l'on tente de se frayer un chemin vers la réussite, on connaît des moments de stress particulièrement aigu. Les problèmes financiers, les délais à respecter, les erreurs de production ou de gestion, les conflits personnels entre collègues, les cycles économiques qui menacent la survie même de l'entreprise, les vérifications fiscales qui peuvent bouleverser le fonctionnement du bureau ne sont que quelques exemples du stress auquel un individu peut être confronté. Il est difficile de se sentir bien lorsque l'on est préoccupé et stressé.

Il n'y a pas de solution miracle au stress. La pire réaction au stress est cependant la consommation d'alcool et de stupéfiants en vue d'atténuer l'anxiété qui peut accompagner les expériences stressantes. Il vaut toujours mieux chercher à résoudre les problèmes qui provoquent l'angoisse et le stress en conservant ses facultés et en s'occupant bien de soi-même. La vie est remplie de situations plus ou moins stressantes. Il faut apprendre à le gérer de façon à l'employer à notre avantage.

Aujourd'hui, je sais que je dois faire face aux situations stressantes de la vie sans transférer mon angoisse et mes frustrations sur l'être cher. En apprenant à résoudre les problèmes et à gérer sainement mon stress, je protège notre couple.

LE SUPPORT AFFECTIF

«Nul ne peut vivre qu'en fonction de lui-même. Des milliers de fibres nous lient à nos frères; parmi ces fibres, telles des liens de sympathie, nos actions se transmuent en causes et nous reviennent sous forme d'effets.»

— Herman Melville

Aujourd'hui, je peux accepter l'aide et le support affectif de l'être cher. En laissant l'autre m'apporter son appui émotionnel, je m'ouvre au partage de la relation de couple.

LA FORCE DE LA RÉCONCILIATION

«Je crois que notre relation de couple a duré aussi longtemps parce que nous savons comment nous réconcilier vraiment. Nous avons connu des ennuis majeurs: infidélité, problèmes financiers, licenciement, etc. Mais nous avons toujours été en mesure de pardonner à l'autre et à nous-même nos erreurs du passé. Nous considérons que notre relation est beaucoup plus importante que les événements que nous traversons. Nous sommes disposés à affronter toutes les épreuves ensemble. Parfois, c'est moi qui ai besoin de me faire pardonner et de rectifier une gaffe. Parfois, Anne-Marie fait ou dit quelque chose que je ne peux accepter. J'ai appris à passer l'éponge. Au fond de mon coeur, je sais que c'est avec elle que je veux vivre mes vieux jours. Nous avons appris à devenir plus grands et plus forts que les problèmes. Nous avons appris à nous réconcilier.»

— Yves M.

La réconciliation, c'est le pouvoir de pardonner même lorsque cela fait encore mal. La réconciliation, c'est savoir que la relation vaut d'être sauvée malgré les torts qui nous ont été causés et la peine qu'on a essuyée. La réconciliation, c'est faire la paix vraiment, sans rancune et sans amertume. Le couple ne peut pas exister sans la réconciliation.

Aujourd'hui, je vois que la réconciliation est essentielle. Je dois accepter de communiquer avec l'être cher même lorsque je suis blessé.

LE RESPECT DE NOS DIFFÉRENCES

«La personne que vous aimez n'envisagera pas l'amour ou votre relation exactement de la même façon que vous. Il ou elle peut avoir des sentiments très différents sur la façon dont la relation devrait se poursuivre, sur la façon de discuter, sur la façon de faire l'amour et le moment où vous le faites, et même sur ce que signifie la relation.»

— Daphne Rose Kingma

Aujourd'hui, je reconnais et je respecte la différence entre moi et l'autre.

LA SIMPLICITÉ

«Tout ce dont on a besoin pour ressentir que le bonheur se trouve ici et maintenant, c'est d'un coeur simple.»

— Nikos Kazantzakis

Sans nier l'importance d'événements passés qui ont pu être pénibles et dramatiques, je ne pense pas que nous soyons enchaînés à ces démons du passé. Croire le contraire reviendrait à dire que nous sommes des marionnettes incapables de maîtriser leur destin. Lorsque l'on mène une vie saine et qu'on prône des valeurs authentiques telles que l'honnêteté, le respect et la fidélité, et ce chaque jour, la vie devient alors beaucoup plus simple. Il est vrai que la vie est parsemée d'embûches et que l'on est parfois assailli par les échecs passés. Mais en demeurant tenaces et fidèles à nos principes, nous risquons moins de sombrer dans la morosité et l'angoisse. Face au couple, restons ouverts à la conciliation, débarrassons-nous peu à peu de la contrariété. En ne retenant ni rancune, ni animosité, nous aurons le coeur léger et l'esprit ouvert aux choses positives.

Aujourd'hui, je renonce à l'amertume et aux rancunes passées et j'ouvre mon coeur à l'être cher.

LES JOURS DE DIFFICULTÉS

*C*eux qui vivent en couple savent qu'il y a des jours où tout ne tourne pas. On a du mal à supporter la présence de l'autre et on aimerait plutôt se retrouver seul. Lorsque surviennent ces jours plus difficiles, on peut se disputer sans raison apparente, ne pas avoir envie de collaborer et faire de la résistance passive. On a parfois l'impression que l'autre cherche notre malheur.

Lorsqu'une telle chose se produit, nous devons tenter de prendre du recul et éviter de nous laisser emporter par les sentiments orageux. Nous pourrons demander l'aide de notre partenaire afin de traverser les écueils et les récifs, en se montrant plus doux et plus compréhensif. On aurait alors intérêt à s'occuper de soi, à se bichonner afin de retrouver une meilleure humeur. Une promenade au grand air, un bain moussant, une sieste: voilà trois trucs qui font grand bien. On sait que les conflits et les disputes surviennent généralement lorsqu'on se sent moins en forme; il est alors préférable de se dorloter un peu et d'éviter les sujets épineux.

Aujourd'hui, je suis en mesure de traverser les jours de difficultés avec espoir et courage.

RENCONTRER L'AMOUR

«Trop de gens s'imaginent que pour trouver l'amour, il faut écrire aux courriers du coeur, draguer dans les bars ou consulter une agence de rencontres. Ces activités ont certes leur raison d'être mais il ne faut pas négliger les aspects intérieurs de notre préparation, de loin les plus importants, qui sont aussi ceux que l'on néglige le plus. L'amour véritable, profond et qui dure toute une vie ne se manifestera pas en raison de ces activités extérieures, mais bien parce que vous aurez déverrouillé les barrières émotionnelles et spirituelles qui ont empêché l'amour de se présenter à vous.»

— Daphne Rose Kingma

Aujourd'hui, je déverrouille les barrières et j'accueille l'amour véritable dans ma vie.

ENCOURAGER PLUTÔT QUE CRITIQUER

*O*n voit sur le visage de l'autre l'effet de la critique. Lorsqu'on critique ou qu'on dispute notre conjoint, il peut se recroqueviller et se renfermer. Il peut réagir avec agressivité et formuler des critiques à notre égard afin de se protéger. La critique mène inévitablement au détachement et au conflit. On voit aussi que la critique est très peu efficace pour motiver et pour provoquer l'amélioration souhaitée. La critique est souvent la première réaction face à une chose déplaisante. Cette première réaction est rarement la bonne car elle n'est pas constructive ni réfléchie.

Aujourd'hui, je favorise l'encouragement plutôt que la critique. Au lieu de réagir spontanément et de critiquer, je m'accorde quelques minutes de délai. Je cherche à mieux comprendre et j'emploie des mots d'encouragement afin de motiver l'être aimé.

DEUX VIES

«Lorsque nous avons commencé à nous fréquenter, j'ai fait l'erreur d'accepter un principe avec lequel je n'étais pas en accord. Jacques voulait poursuivre ses activités et conserver ses contacts sociaux à l'extérieur du couple et il m'encourageait à faire ainsi. Selon lui, le couple pourrait durer si chacun de nous avait une vie riche et active en-dehors de nous deux. De cette façon, nous ne pourrions jamais nous sentir envahis ou emprisonnés par la relation. Je désirais tellement être avec lui que j'ai accepté cette condition qui me semblait à l'antipode d'une vie de couple heureuse. Je me disais qu'avec le temps, il deviendrait plus sédentaire et voudrait passer ses temps libres avec moi. Après quelques années, je me suis rendu compte que nous avions deux vies distinctes. Je passais les soirées seule à angoisser et à me demander s'il s'intéressait à moi.»

— Christine S.

O n ne trahit pas inconsciemment l'un de nos principes fondamentaux. On croit par contre que sans ce compromis on perdra tout. Mais les compromis fondamentaux mènent rarement au bonheur. Ainsi vaut-il mieux rester fidèle à ses principes et s'écouter soi-même. On peut procéder à des accommodements et négocier les éléments de la vie commune. La relation doit s'établir sur un accord de principes.

Aujourd'hui, j'établis la différence entre collaboration et compromis. Je n'ai pas à trahir mes principes fondamentaux pour connaître une vie de couple heureuse.

SE LAISSER AIMER

*L*a vulnérabilité ne nous a pas toujours semblé une qualité souhaitable. On sait que lorsqu'on est vulnérable, on peut être blessé. On expose ses limites et ses faiblesses et on peut devenir la victime de l'autre. Alors, plusieurs d'entre nous ont appris à ne pas se montrer vulnérables. Mais il y a une autre face à la vulnérabilité: la capacité de demander de l'aide et de l'amour et la possibilité d'en recevoir. En ce sens, la vulnérabilité prend l'allure de l'ouverture et de la réceptivité.

Aujourd'hui, je prépare mon coeur à donner et à recevoir l'amour. J'ai toujours trouvé plus facile d'aimer que de me laisser aimer. Il me semblait que, de cette façon, je pouvais conserver la maîtrise de la situation. Mais, à présent, je m'aperçois que cette approche ne fonctionne pas.

DONNER LE MEILLEUR DE SOI

*L*a sincérité et la volonté de contribuer au bien-être du couple sont choses visibles. Cette sincérité est essentielle à la relation du couple. On doit savoir que l'autre s'intéresse à nous-mêmes et au couple. On doit aussi montrer par notre attention et nos gestes que l'on s'intéresse sincèrement au bien-être de l'autre. Avec cette bonne volonté et la franchise des échanges, nous pourrons faire un bout de chemin ensemble.

Aujourd'hui, je donne le meilleur de moi à l'être aimé.

LE RYTHME DE L'AMOUR

*C*haque relation nourrit ses besoins et ses attentes. Pareillement à un jardin de fleurs, une relation nécessite la présence et les soins d'un jardinier. La vie actuelle nous oblige souvent à nous éloigner de notre famille afin de réagir à des impératifs d'ordre professionnel ou commercial. Il est nécessaire de travailler d'arrache-pied sans ménager ses efforts et sans compter les heures afin d'assurer la subsistance de sa famille et, ce faisant, on relègue ceux que l'on aime au second plan. On risque alors de se détacher peu à peu des siens et de perdre de vue les besoins essentiels à combler au sein du couple. La réussite financière n'a aucune valeur à défaut de pouvoir la partager avec ceux qu'on aime. Pour établir une relation équilibrée et durable, on doit y consacrer du temps, de l'énergie et de la passion. Il faut respecter l'autre pour s'adapter à ses besoins et à son rythme.

Aujourd'hui, je sais qu'en étant présent je pourrai profiter pleinement de cette relation.

AVOIR RAISON OU AVOIR TORT

*L*a plupart des conflits au sein du couple naissent du fait que l'on croit avoir raison et que l'autre a tort. Chacun est braqué sur sa position et ne veut pas céder. La vie de couple exige une approche beaucoup plus souple et consciente. Personne n'aime admettre ses torts ou se les faire souligner avec insistance. Cela relève de la fierté personnelle. Personne n'aime se plier à la domination ou à la critique. Lorsque nous sommes devant une situation conflictuelle, nous devons cerner le point de vue de l'autre en plus de faire valoir le nôtre. Nous devons maintenir une approche cordiale. Avec un peu de recul, la majorité de ces conflits seront résolus.

Aujourd'hui, j'ai besoin d'avoir raison. Je peux considérer le point de vue de l'être cher et m'ajuster à la réalité de notre couple.

L'AMOUR EST PARTOUT.

«Le meilleur moyen d'attirer plus rapidement l'amour vers nous consiste à développer notre capacité d'aimer. L'amour nous entoure à tout moment; nous sommes plongés dans un océan d'amour, nous le respirons avec chaque bouffée d'air. L'amour est incarné dans chaque être que nous croisons, dans chaque chien qui lèche notre main, dans chaque carpe qui nage dans un étang, dans chaque oiseau qui se perche sur un fil. Chaque rocher établit un lien d'amour avec l'alpiniste qui gravit une montagne.»

— Daphne Rose Kingma

Aujourd'hui, je vois que l'amour est partout. En favorisant ma faculté d'aimer et d'être aimé, je puise à la source de l'amour éternel et j'en suis transformé.

LES FONDEMENTS RELIGIEUX DU COUPLE

«J'avais perdu toute croyance religieuse jusqu'au moment où je me suis mariée. Nos parents ont insisté sur un mariage traditionnel à l'église et nous étions d'accord pour assurer la paix entre eux et nous. Les préparatifs et la cérémonie religieuse ont ravivé mes croyances. J'ai senti que Dieu pouvait être avec nous au long de notre union, que le mariage est une union spirituelle devant Dieu. Le mariage est plus significatif que la simple relation d'un couple. J'ai vu le mariage comme un contrat moral et spirituel pris avec le consentement et l'appui de Dieu.»

— Sarah G.

Plusieurs se sont éloignés de la religion sous prétexte qu'il s'agit d'une forme d'exploitation fondée sur le mystère et la foi aveugle. Mais nous avons également mis au rancart ses aspects positifs, à savoir un code moral fondé sur la bienveillance, une relation avec Dieu, les rites religieux qui nous rappellent que nous sommes des êtres spirituels et non seulement des enveloppes physiques. Le couple repose sur une union de nature spirituelle. On peut se passer de l'aide de Dieu, de Jésus, de Bouddha ou d'Allah tout au long de sa vie, mais la vie est plus riche lorsque nous nous donnons un encadrement à l'intérieur duquel exprimer nos pulsions et nos besoins spirituels.

Aujourd'hui, je sens que mon union amoureuse vient de la nature spirituelle des liens qui nous unissent. Je peux célébrer ces liens spirituels aujourd'hui et chaque jour.

QUE CESSE LA SOUFFRANCE!

«J'étais tombée amoureuse de la souffrance. Ma vie de couple était un enfer et la souffrance venait confirmer mes croyances. J'étais faite pour souffrir et en souffrant, je gagnais mon Ciel. Mon mari faisait des choses abominables. Il cherchait à me faire mal et je crois que je l'encourageais car, je sentais que je méritais de me faire punir. Dès le départ, je savais qu'il allait me faire connaître l'enfer et j'avais été fortement attirée par cette promesse de souffrance et de misère. J'ai versé un océan de larmes avant de me rendre compte que j'entretenais de fausses notions. La souffrance n'a aucune valeur thérapeutique. La souffrance ne me rend pas meilleure, plus spirituelle ou plus proche de Dieu. La souffrance n'est que le signe de mon malheur.»

— Sonia B.

Lorsqu'on a mal et qu'on souffre, on ne sait pas toujours comment retrouver le bonheur. Le trajet vers le bonheur commence lorsqu'on décide sciemment de ne plus vivre avec qui cherche intentionnellement à nous faire souffrir et à nous abaisser. Même en ignorant ce qui nous rendra heureux, nous pouvons éloigner de nos vies les sources de souffrance et de tristesse. Le couple n'est pas un lieu de souffrance. Le couple doit être un lieu sécurisant et joyeux.

Aujourd'hui, je me rends compte qu'amour et souffrance ne sont pas synonymes. Je peux établir une relation de couple dans la quiétude et la sécurité sans avoir à souffrir.

LE CADEAU, C'EST VOUS!

O n peut connaître de nombreuses expériences et mettre plusieurs années avant de se rendre compte qu'on mérite une relation de couple heureuse. On peut entretenir l'impression que le conflit et la confusion font partie de la vie à deux. Il paraît alors normal de se disputer et d'aller au lit alors que l'on est fâché.

Aujourd'hui, je sais que je mérite mieux. Je sais que je peux participer à une relation de couple heureuse et harmonieuse. Je sais que je suis un être unique recelant de qualités et d'intelligence qui mérite une relation de couple merveilleuse.

PENSER «GAGNANT-GAGNANT»

*L*a vie de couple exige une approche «gagnant-gagnant». Au sein d'un couple chacun doit trouver ce qu'il recherche. Si la situation est fondée sur un trop net avantage pour l'un au détriment de l'autre, l'insatisfaction et la rancune s'ensuivront. Je cherche à structurer ma vie de couple selon le principe «gagnant-gagnant».

Aujourd'hui, je sais qu'en agissant selon le principe «gagnant-gagnant», je serai en mesure d'établir une relation de couple durable. Pour mettre en pratique cette formule, je dois pouvoir être ferme et souple à la fois. Je dois trouver un équilibre entre ce qui m'est essentiel et ce qui l'est pour l'autre.

L'ACTION VERTUEUSE

*I*l y a dans les attitudes et les comportements vertueux une logique supérieure, un chemin qui mène directement vers la sérénité, la liberté et la réussite. Mais, en cours de route, nous avons oublié ou perdu de vue la valeur inhérente des vertus. Nous voyons dans la bonté, la bienveillance, la compassion et la galanterie quelque chose d'obsolète ou d'archaïque qui ne correspond plus à la vie moderne. Mais les vertus ne seront jamais dépassées, car elles indiquent la voie du salut, de la divinité et du succès. Les attitudes et les comportements vertueux sont autant de manifestations palpables de l'être véritable, autour duquel ils semblent créer une aura de lumière resplendissante.

Aujourd'hui, je sais que l'action vertueuse est en soi porteuse du succès. L'action vertueuse porte en elle la semence du succès car elle trace un chemin du coeur vers le monde matériel de la concrétisation, entre la sphère subtile de l'esprit et la réalité concrète des manifestations.

VOTRE BIEN-AIMÉ N'EST PAS VOUS.

On oublie parfois que le bien-aimé est un être à part entière qui existe en dehors de soi. Il a ses points de vue, ses attentes et ses besoins. La relation de couple peut nous laisser une impression de symbiose. Nous avons le sentiment de ne faire qu'une personne. Cette impression de symbiose peut nous mener à faire des choix sans consulter l'autre, tout en pensant agir pour le mieux. Le couple est l'union de deux êtres distincts qui ont chacun leurs qualités respectives. On doit rester en communication et consulter l'autre. On doit faire savoir à l'autre ce qui nous plaît et ce qui ne nous plaît pas. Les êtres changent et leurs besoins évoluent au fil du temps. Ce qui était valable pendant un long moment peut devenir désuet. Pour ces raisons, on doit établir un dialogue actif et s'enquérir des volontés de l'autre.

Aujourd'hui, j'accepte que l'être cher ait ses perceptions, ses désirs et ses attentes propres qui peuvent être différents des miens. Je vois que le succès de notre couple passe par le respect de nos différences.

UNE HYPOTHÈSE DANGEREUSE

«Lorsque je me suis marié, j'avais la conviction que je le resterais toute la vie. Il n'y avait pas de possibilité de divorce ou de séparation. Si des difficultés ou des conflits surgissaient, nous devions trouver le moyen de les aplanir. Mon hypothèse de départ s'est avérée fausse car j'ai connu la séparation et le divorce. Mon mariage n'a pas duré et je me suis fait du mauvais sang pendant des années à tenter de comprendre pourquoi. Aujourd'hui, je me rends compte que l'amour peut durer, pour peu que chacun le veuille. Je forme à présent un autre couple et je crois que nous résisterons à l'épreuve du temps, mais je ne prends rien pour acquis.»

— Sylvain N.

La réalité du couple met à l'épreuve notre hypothèse de départ. On peut se faire une idée un peu fleur bleue du couple mais, avec le temps, on en vient à comprendre que la vie à deux demande des efforts et des sacrifices. La vie au quotidien demande des ajustements constants et la faculté de bien cerner les besoins du moment. Il ne suffit pas de se laisser aller et de croire que les choses s'arrangeront d'elles-mêmes avec le temps. On doit se donner corps et âme et savoir qu'il n'y a aucune garantie que la relation durera toute une vie. En donnant le meilleur de soi-même, on éprouve la satisfaction de vivre et de profiter pleinement du couple chaque jour.

Aujourd'hui, je peux remettre en cause mes hypothèses de départ concernant le couple. Je m'ajuste à la réalité qui prévaut.

S'ACCEPTER SANS RÉSERVE

«Je dois m'accepter progressivement comme je suis — sans cachette, sans déguisement, sans fausseté et sans rejet d'aucune facette de moi-même — et sans jugement, sans condamnation ou dénigrement d'aucune facette de moi-même.»

— Collectif

La clef du bonheur réside dans l'acceptation de soi sans réserve et sans considération. La plupart d'entre nous avons dû confronter nos limites, nos faiblesses et notre solitude profonde. Lorsqu'on est confronté à soi-même, on constate son véritable degré de fragilité et de vulnérabilité. De là apparaît la nécessité de s'aimer et de s'accepter. Nous commettons tous des erreurs. Parfois nous faisons des choses intentionnellement dans le but de nuire à notre bien-être. Parfois nous sommes aux prises avec un cercle vicieux d'habitudes qui ne contribuent à rien. En sachant que nous ne sommes pas infaillibles, nous pouvons jeter un regard plus humain et plus généreux sur les autres.

Ayant pris conscience de notre humanité et de celle de notre partenaire, nous pouvons ouvrir notre coeur et nous laisser vivre. En s'acceptant soi-même et en aidant l'autre à s'accepter sans réserve, nous retrouvons l'harmonie inhérente au couple. Ce n'est pas en voilant les choses ou en s'imposant des critères stricts que nous parviendrons à nous apprivoiser.

Aujourd'hui, je vois que si je désire vivre une relation de couple harmonieuse, je devrai m'accepter et aider ma partenaire à s'accepter.

JONGLER

«Lorsque je pense à toutes les choses qu'il m'a faites, je deviens en proie à la colère et la tristesse. Pendant des années, je me suis occupée de cet homme et de ses enfants et il s'est toujours moqué de moi. Je ne réussis pas à me libérer des images du passé, des trahisons que j'ai vécues et des mensonges qu'il ma racontés. Nous ne sommes plus ensemble depuis plus de huit ans mais, lorsque je pense à lui, les émotions sont tout aussi intenses, tout aussi pénibles qu'alors.»

—Brigitte H.

Plusieurs croient que le divorce ou la séparation est la solution aux problèmes des couples. Mais très peu de gens sont émotionnellement prêts pour un divorce ou une séparation. Ils quittent la relation avec un bagage plein de communication non livrées, de retenues et de rancune. Le couple peut être un lieu dynamique de croissance et de partage lorsqu'on s'abandonne et qu'on laisse l'autre entrer. On pourra toujours trouver des raisons pour mettre un terme à une relation de couple. On peut aussi choisir de rester ensemble et de traverser les périodes difficiles. Chacun désire agir pour le mieux. Chaque personne désire apporter sa contribution et se faire une vie meilleure. Certains ont plus de facilité que d'autres. Il s'agit de rester assez longtemps pour récolter les fruits de ses efforts.

Aujourd'hui, je sais que c'est en restant ensemble que nous pourrons atteindre nos objectifs. Je pourrais mettre fin à cette relation mais je préfère récolter les fruits de mes efforts.

EXPOSEZ VOTRE SCÉNARIO AMOUREUX!

*C*haque personne a son propre scénario d'amour, sa vision du couple et de son évolution. Lorsque deux personnes ont un scénario semblable, aucun problème ne vient les perturber. Mais lorsque les scénarios sont différents plusieurs problèmes peuvent surgir. Au début de la relation, il faut échanger sur nos attentes et nos objectifs afin de déterminer si nous partageons la même vision des choses et si nos scénarios amoureux sont compatibles.

Aujourd'hui, je livre mon scénario amoureux à l'être cher et je m'enquiers du sien. Cet échange nous permettra de nous rapprocher et d'écrire un scénario à quatre mains.

LA VIE SANS AMOUR

«Je me suis demandé ce que serait ma vie sans amour. Je me suis demandé ce que serait ma vie si j'avais vécu seul, sans avoir connu le couple. Pour moi, la vie de couple est tout à fait naturelle. Je ne voudrais pas vivre sans ma conjointe. Malgré les hauts et les bas, je sais qu'il n'existe rien à l'extérieur de l'amour, de la vie de couple et de la famille. Les hommes et les femmes se rallient dans l'amour du couple car ils savent au fond d'eux qu'il n'y a rien à l'extérieur de l'union amoureuse. Que peut-on gagner en vivant seul ou en ne vivant que pour soi-même?»

— Étienne de P.

Tout notre être désire connaître l'amour et la vie en couple. Sans la vie de couple, l'existence devient superficielle et mécanique. L'être seul cherche à se reconnaître et à se retrouver dans les contacts sporadiques. Mais sans la dynamique du couple, l'être voit mal la raison fondamentale de sa vie sur terre. Le couple nous rappelle chaque jour que nous sommes ici pour vivre et pour travailler avec les autres. C'est la forme élémentaire de la collaboration et de la création spirituelle. Quelqu'un peut choisir d'escalader une montagne pour aller y méditer et atteindre l'état de bhodi et cette vie ne serait pas sans mérite. Cependant, la plupart des mortels peuvent atteindre une plus grande paix d'esprit et un niveau supérieur de responsabilité, de contrôle et de conscience en participant à une relation de couple.

Aujourd'hui, je sais que je ne veux pas vivre sans l'amour de l'être cher.

COMPORTEZ-VOUS BIEN EN PUBLIC!

«Je n'ai jamais pu supporter la façon dont elle se comportait en public. Lorsqu'elle était sobre, elle était plutôt timide et réservée; mais lorsqu'elle buvait, sa personnalité changeait du tout au tout. Après quelques verres, elle pouvait dire les pires bêtises et se permettait de faire des choses inacceptables. De plus, elle sentait qu'elle devait boire un coup pour vaincre sa timidité. Notre relation n'a pas duré car je ne peux pas tolérer quelqu'un qui ne sait pas se tenir en public.»

— Pierre M.

Un couple doit conserver une bonne image publique. Lorsqu'on sort ensemble, on doit savoir que l'autre saura se comporter dans toutes les situations sociales. La politesse, la cordialité et l'affabilité sont des valeurs essentielles. Ce que je fais et ce que je dis a un effet sur la perception qu'ont les gens de moi, de ma conjointe et de ma relation de couple. De bonnes relations publiques engendrent de bonnes relations sociales.

Aujourd'hui, je vois que mes comportements en public ont un impact sur mon couple et la perception qu'ont les gens de moi, de ma conjointe et de mon couple. Je m'efforce de toujours être poli et agréable envers les gens que nous fréquentons.

DÉCRYPTER L'AMOUR

«Après un certain nombre d'années, j'ai fini par mieux comprendre Annie. Ce n'est pas qu'elle me parlait davantage de ses sentiments ou qu'elle me ressemblait de plus en plus. Lorsqu'on passe beaucoup de temps avec une autre personne et qu'on partage son intimité, on vient à mieux cerner l'autre. Souvent sans même se parler, on sait ce qui ce passe chez l'autre. Les sentiments et les pensées flottent dans l'air qui nous entoure et forment une espèce de climat. Le couple est une zone. Dans cette zone, les ondes circulent plus librement car les barrières à la vraie communication ont été franchies. Je ne sais pas toujours ce qu'Annie pense exactement mais je peux interpréter son ton émotionnel et je peux m'ajuster au climat qui nous entoure à tout moment.»

— Serge N.

L a communication entre deux partenaires peut passer sur un mode subtil. Les messages sont émis et captés à une vitesse vertigineuse. Un couple échange sur ses sentiments, ses attentes et ses aspirations. Cette forme de communication authentique instaure un climat particulier à chaque couple. On a le loisir de se laisser pénétrer ou pas par la communication du couple. En étant à l'écoute des messages subtils du couple, on peut apprendre à danser ensemble et vivre très près de l'autre.

Aujourd'hui, je suis à l'écoute des messages subtils de l'autre et je reste ainsi en communication directe avec elle ou lui.

BÉNIS PAR L'AMOUR

«L'amour nous conduit à un éveil sur le plan émotionnel et spirituel, pour ensuite nous faire connaître une félicité illimitée qui s'avère notre véritable destin. Lorsque nous sommes amoureux, nous n'éprouvons plus aucune distance entre nous, du moins pour quelque temps. C'est ce sentiment amoureux, lumineux que nous souhaitons le plus ardemment, le plus passionnément, et qui nous emplit jusqu'au plus profond de nous-mêmes lorsqu'il nous touche. L'amour est le sanctuaire de notre esprit, le reposoir de nos émotions, le pré fleuri où se cultivent nos rêves et nos espoirs.»

— Daphne Rose Kingma

Aujourd'hui, je me sens touché au plus creux de moi par l'amour et l'admiration que je porte à l'être cher.

LE REPOS NÉCESSAIRE

O n oublie parfois que le repos est essentiel au bonheur et au bien-être. Il n'est pas rare que l'on n'exige trop de soi, que l'on abuse de ses forces et que la fatigue se répercute sur notre humeur et notre caractère. Les responsabilités familiales et professionnelles des conjoints exigent beaucoup d'énergie et le temps qui vient à manquer pour des tas de choses manque également pour le repos. La fatigue entraîne l'irascibilité qui attise la querelle. La colère, on le sait, est mauvaise conseillère et brouille les cartes lorsqu'il faut trouver des solutions. On conservera les idées claires et la tête froide en faisant en sorte de rester frais et dispos. Tous y trouveront leur avantage.

Aujourd'hui, je prends conscience que le repos est essentiel si je veux vivre heureux et en harmonie auprès de l'être aimé.

LES PÉRIODES DE DIFFICULTÉ

*C*haque couple connaît des moments difficiles. Parfois, ces périodes peuvent se prolonger et nous inciter à nous interroger sur la pertinence de poursuivre plus avant cette relation. Durant ces périodes de difficulté, la vie à l'extérieur du couple peut sembler plus intéressante et plus facile. On peut facilement croire qu'une rupture apporterait la solution à nos problèmes. Mais lorsqu'on traverse ensemble des périodes difficiles, l'union en est renforcée. Peut-être est-ce le propre de l'humain que de croire que la source de ses problèmes a son origine à l'extérieur de lui-même? On peut facilement se persuader que la plupart de nos ennuis sont attribuables à notre partenaire.

Aujourd'hui, je sais que je pourrai traverser les périodes de difficulté avec l'être cher. Je sais qu'ensemble nous sommes plus forts et plus grands que n'importe quel problème.

ÊTRE AU SERVICE DE L'AUTRE

*I*l existe une différence notable entre la collaboration et l'asservissement. Le couple ne peut pas favoriser la domination et l'asservissement de l'un des conjoints au profit de l'autre. Chacun doit être libre de se réaliser avec l'aide et l'appui de l'autre. Chacun doit sentir qu'il est aimé et respecté pour ce qu'il est et libre de se donner. Chacun doit avoir la permission de recevoir et de donner. Être au service de l'autre, c'est lui dire: «Tu es un être de grande valeur.» Je vois en quoi le fait de servir me permet également de recevoir. Je participe chaque jour à ce flux amoureux qui prend la forme de gestes et de paroles d'amour. Le couple me permet de participer, de servir et de recevoir chaque jour.

Aujourd'hui, je ne serai pas avare de ma personne. Je me partagerai avec l'être aimé. Je peux lui rendre service sans perdre mon identité et sans me sentir exploité. La dynamique du couple me permet d'échanger librement.

21 *septembre*

LA SANTÉ ET LE BIEN-ÊTRE

«Si je n'avais pas rencontré Stéphanie je serais probablement mort aujourd'hui. Notre relation m'a sauvé la vie. Je ne suis pas fier de l'admettre mais j'étais toxicomane. Dans mon travail, les drogues circulent librement et j'ai commencé à en consommer pour me donner un peu plus d'élan et de confiance en moi. Avec le temps, je suis devenu tellement dépendant que je ne pouvais pas fonctionner sans ma dose. Tout y est passé: ma carrière de musicien, ma santé physique et mentale, mes relations familiales et l'ensemble de mes biens matériels. J'étais incontrôlable, à la dérive. Stéphanie a tout fait pour me ramener. Mais lorsqu'elle ma quitté, j'ai vraiment touché le fond. Cet événement m'a finalement réveillé et j'ai vu que j'allais tout perdre, incluant ma vie, si je n'arrêtais pas de consommer. Je suis maintenant sobre depuis trois ans. J'ai eu de la chance! Stéphanie a décidé de renouer et nous avons refait notre vie ensemble.»

— Michel S.

Aujourd'hui, je vois que mes actions ont des répercussions importantes sur notre couple. Alors avant d'agir, je réfléchis et j'évalue si mon action viendra renforcer ou affaiblir la relation du couple.

CÉLÉBRER LE MOINDRE ACCOMPLISSEMENT

*P*our certains, nouer ses lacets est un accomplissement en soi. Pour d'autres, le bonheur consiste à atteindre des sommets. Pour ma part, j'aime souligner les petits accomplissements quotidiens tels que ma séance d'exercice, un repas santé, une conversation au cours de laquelle j'ai pu m'entendre avec quelqu'un ou lorsque que j'ai atteint mes objectifs de vente pour la semaine. Tous ces petits accomplissements me mènent vers de plus grands buts et m'encouragent au long du trajet.

Entretenir une relation de couple stable est un accomplissement en soi. Et avec la vie de couple vient une multitude d'accomplissements petits et grands qui méritent d'être soulignés et célébrés. On peut être fiers d'être ensemble et de collaborer à de petits projets. On peut se réjouir d'avoir décidé de rester ensemble malgré les douleurs et les contretemps. On peut se féliciter d'avoir accompli notre projet de couple jusqu'à ce jour.

Aujourd'hui, je porte mon attention sur les accomplissements. Je vois que nous avons fait des progrès et que notre cheminement est pertinent.

ACCORDEZ DU TEMPS À L'INTIMITÉ

*O*n laisse entrer très peu de gens dans le cercle de notre intimité personnelle. Notre conjoint, nos parents, notre famille immédiate et quelques amis peuvent se vanter de nous avoir connus et de nous avoir tenus près d'eux. La relation de couple est sans doute la plus intime qui soit car elle inclut tous les aspects de notre intimité physique, mentale, émotionnelle et spirituelle. La personne que nous choisissons pour partager notre intimité doit nous aimer et nous respecter et prendre plaisir à être à nos côtés. Nous devons consentir à laisser quelqu'un entrer dans notre cercle intime, là où nous sommes vulnérables et transparents. Dans le cercle de l'intimité que nous créons avec l'autre, nous trouvons les vraies émotions et les vraies sensations d'amour et de plaisir.

Si notre relation semble perturbée, nous devons nous demander si nous accordons assez de temps et d'espace à l'intimité. Les obligations et le stress de la vie quotidienne nous poussent parfois à oublier qu'il existe tout un monde de chaleur, de passion et de tendresse autour de nous, près de notre coeur, en compagnie de l'être cher.

Aujourd'hui, j'accorde du temps à l'intimité. Je vois que je peux retrouver tout un monde de tendresse juste au bout de mes doigts.

ATTENTION AUX PAROLES!

*O*n oublie parfois la puissance des mots. Une parole peut changer le ton d'une situation sociale. Quelques mots mal placés peuvent perturber la personne qu'on aime. Les mots peuvent construire aussi bien qu'ils peuvent détruire. La colère est souvent la source de paroles qu'on regrette et qui viennent dresser des murs entre ceux qui s'aiment. Lorsqu'on est en colère on dit parfois des choses blessantes. On est sûr d'avoir raison et que l'autre sait ce à quoi on pense. Mais lorsqu'on voit les effets de la colère sur une relation de couple ou sur n'importe quelle relation, on sait que ce n'est pas le chemin vers l'harmonie et le bonheur. De toute façon, les paroles prononcées sous le coup de la colère ne sont généralement pas vraies et, si elles contiennent un élément de vérité, la méthode choisie n'est pas favorable à la compréhension.

Aujourd'hui, je surveille mes paroles. J'utilise les mots pour soulager, pour complimenter et pour renforcer les liens qui nous unissent. Et si, pour une raison ou une autre, je deviens en colère, je surveille mes paroles pour ne pas offenser l'autre.

FAITES RESSORTIR LE POSITIF

*E*n voyant un verre à moitié plein, quelqu'un peut dire qu'il est à moitié vide. Il fixe alors son attention sur le vide et en oublie le contenu. Un autre voit le même verre et dira qu'il est à moitié plein. Il perçoit le contenu et oublie le vide. Lequel d'entre eux est le plus heureux?

La qualité de notre vie de couple repose en grande partie sur nos perceptions. Si nous estimons que la relation est satisfaisante, qu'elle nous apporte de bonnes choses et qu'elle a le potentiel de nous rendre heureux jusqu'à la fin de nos jours, nous serons heureux. Mais si nous ne voyons que les choses qui nous irritent, qui rendent la vie intolérable, nous allons souffrir. En cherchant à considérer les choses de façon positive, nous assurons notre avenir ensemble. En focalisant sur le négatif, nous signons l'arrêt de mort de notre relation.

Aujourd'hui, je regarde le verre et je dis qu'il est à moitié plein.

PRÉSENTER SES EXCUSES

*D*ans le film américain *Une Histoire d'amour*, on affirme que l'amour signifie «ne jamais avoir à dire je m'excuse». Peut-être est-ce parce que l'amour idéal pardonne tout? Ou parce qu'on ne peut pas avoir tort lorsqu'on parle au nom de l'amour? Toujours est-il qu'il en va autrement dans la réalité. Pour vivre en couple, il faut être prêt et disposé à présenter ses excuses lorsqu'on a erré et l'on peut errer et devoir s'excuser de façon régulière.

Chacun mérite d'être traité avec sensibilité et respect. Lorsqu'on partage l'intimité de quelqu'un, la possibilité de froisser sa sensibilité est exacerbée. Parfois le ton de la voix, un oubli ou la mauvaise humeur peut être la goutte qui fait déborder le vase. Dans ces moments, on doit savoir s'excuser, ne serait-ce que pour montrer à l'autre qu'on est sensible et réceptif à ses besoins et que son bien-être et son bonheur nous importent.

Aujourd'hui, j'accepte de m'excuser lorsque je suis allé trop loin et que j'ai blessé l'être cher. En m'excusant, je lui montre que son bonheur me tient à coeur.

L'IMPORTANT

«On vit dans un monde à l'envers. Ce qui nous semble important est souvent tout à fait sans importance en réalité. Nous sommes engagés dans la construction de châteaux de sable. Nous nous empressons de remplir nos vies de conquêtes et de possessions mais nous manquons le véritable but: la liberté.»

— Marc Alain

Aujourd'hui, je me donne la liberté d'explorer, de prendre des risques, d'être spontané et de faire ce qui est nécessaire. Aujourd'hui, je suis disposé à m'accorder cette liberté car je sais que je suis suffisamment responsable et conscient. Je sais que je serai capable de vivre avec les résultats et les conséquences de cette nouvelle liberté. Et je sais qu'avec elle, je serai fidèle à moi-même.

ÊTRE SEUL EN RELATION

«Nous étions devenus deux automates. Notre vie ensemble était si bien structurée que nous savions ce que nous faisions le mardi soir de chaque semaine. Notre relation était devenue si prévisible que j'avais l'impression de vivre dans un rêve. Mais surtout je me sentais seule. Le matin je me levais pour répéter les mêmes gestes et nourrir les mêmes pensées. Lorsque nous pratiquions des activités ensemble, je ne ressentais aucune joie, aucune excitation. En cours de route, nous avions perdu notre sens de l'aventure et nous nous sommes enlisés dans une routine mortelle qui a tué notre vie amoureuse.»

— Béatrice P.

Nous savons qu'il est possible d'être en relation et malgré cela se sentir seul. On se réveille un beau jour et on a le sentiment profond d'être seul, que l'on répète une pièce de théâtre dont on connaît la fin. La vie de couple ne nous interpelle plus et nous nous sentons loin des personnes et des choses qui nous entourent. Lorsque cette réalité s'installe, il faut réagir afin de ramener l'intensité, la passion et l'aventure dans notre vie et dans notre couple.

Aujourd'hui, je sais que je suis responsable de mon bonheur et de la satisfaction que j'obtiens de ma vie de couple. Si je me sens seul ou enlisé dans une routine monotone, je bouge et je sors de ma coquille.

MON CLAN PERSONNEL

«Je me souviens que, lorsque j'étais célibataire, je me sentais à part des autres. J'avais, bien sûr, des amis et des aventures, mais je n'avais pas le sentiment de faire partie de quelque chose. Ma relation de couple m'a aidé à trouver ma place dans le monde. Avec Marie, je sens que je fais partie d'un couple, d'une famille. Ma relation de couple m'offre la possibilité de tenir un rôle, de remplir une mission et de mieux affronter les situations de la vie. Dans le couple, je sens que mon identité est plus stable, supportée par au moins une autre personne. Je vois ma relation de couple comme mon petit clan.»

— Lucien W.

Aujourd'hui, je vois qu'en étant en couple je suis mieux préparé pour affronter la vie. La stabilité du couple m'appuie dans mes démarches et me donne le sentiment de faire partie de quelque chose au-delà de moi.

LA PASSION

*O*n fait des choses au début de notre relation qu'on n'ose plus faire avec les années; par exemple, prendre un bain ensemble, faire l'amour dans toutes les pièces de l'appartement et sur tous les meubles, marcher main dans la main et s'écrire des lettres d'amour. Nous ressentons encore de l'amour pour l'autre, mais cet amour a changé. Notre amour est plus raisonnable et moins passionnel. Nous nous couchons ensemble mais pour dormir. Nous nous laissons des petites notes ici et là pour prévenir qu'on sera un peu en retard pour le dîner. Nous savons au fond de nous-même que nous sommes avec la bonne personne et que nous l'aimons avec intensité, mais les gestes et les mots ont changé.

On ne doit cependant pas attendre de voir l'autre faire des pas vers la sortie pour ranimer les flammes de l'amour et de la passion.

Aujourd'hui, je vois que je peux susciter des moments de passion et de tendresse. Je peux réanimer les flammes de l'amour passionnel entre nous.

LES FRUITS DE NOS EFFORTS

*U*ne relation de couple est une entreprise à long terme. Lorsque les fondements de la relation sont solides et que chacun des conjoints recherche les mêmes objectifs, leur relation s'approfondit et mûrit au fil des années avec la présence tranquille de l'autre et le rôle qu'il ou elle tient dans notre vie. Un accord fondamental nous lie, en vertu duquel on n'a plus à remettre en cause les petits riens qui meublent le quotidien. Il ne nous reste plus qu'à vivre, tout simplement.

Hélas! la société marchande nous gave de produits instantanés ou jetables et nous habitue à tout espérer simplement en effleurant un bouton. Nous croyons donc que le bonheur se trouve aussi en sachet et que, à défaut d'être heureux dans la minute, il suffit d'ouvrir un autre sachet. On écarte ainsi le temps nécessaire au mûrissement d'un projet commun qui en est pourtant l'élément vital. Aux premiers temps de la vie à deux, il faut s'apprivoiser et bien comprendre les attentes et les points de vue de l'autre. Cela exige du temps. Lorsque cette période d'adaptation est terminée, alors commence-t-on vraiment à engranger les récoltes de la vie à deux.

Aujourd'hui, je sais que la relation de couple demande un travail de longue haleine. Je serai patient afin de pouvoir vraiment récolter les fruits de mes efforts.

2 octobre

PRENDRE LE TEMPS DE VIVRE ENSEMBLE

*I*l n'y a aucun endroit au monde où l'on est plus aimé et plus apprécié que dans notre couple. C'est que l'on y a vraiment une place de choix. On peut s'y exprimer librement et être avec quelqu'un qui nous accepte tel que l'on est. Pourquoi tenter de fuir la relation dans le but de préserver notre autonomie? Il n'y a nul endroit au monde qui nous permette d'être aussi libre et aussi autonome. Pourquoi rêver d'être avec quelqu'un d'autre lorsqu'on peut obtenir tout ce qu'on désire avec l'être cher?

Il s'agit simplement de prendre le temps de vivre ensemble. Prendre le temps de s'écouter, de parler et de jouer ensemble.

Aujourd'hui, j'ai décidé de prendre le temps de vivre et de vraiment apprécier la présence de l'être cher dans ma vie. Je sais que je peux connaître toutes les expériences et profiter pleinement de la vie à deux si j'en prends le temps.

RÉCOMPENSER L'EFFORT

*C*haque être est unique et important. On peut favoriser l'émergence de son excellence en encourageant et en reconnaissant l'autre. Chacun s'efforce de son mieux de bien agir afin de se faire une vie de qualité. En couple, nous travaillons ensemble tous les jours et cela est une récompense en soi. Lorsqu'on met son énergie et son temps en commun pour se faire une vie meilleure, on doit aussi récompenser l'effort. La vie ne peut pas s'articuler uniquement autour du travail. On doit pouvoir célébrer et s'encourager en tout temps. Lorsqu'on dit à l'être cher qu'on l'aime et qu'on l'apprécie, on récompense l'effort. Lorsqu'on prend le temps de se choyer à la fin de la journée, on récompense l'effort. Lorsqu'on remet un petit cadeau sans raison, on récompense l'effort.

Aujourd'hui, je peux reconnaître et récompenser l'effort que nous déployons tous deux chaque jour en vue d'établir une relation de couple harmonieuse. Une autre journée passée ensemble mérite d'être soulignée et célébrée.

COMPRENDRE L'AUTRE

*J*e crois que lorsqu'on écoute vraiment, on en vient à comprendre l'autre. Chacun choisit de comprendre ou pas. On peut prendre le temps de cerner les besoins, les intentions et les motifs de l'autre ou pas. Mais la compréhension change tout. Dès lors que l'on comprend l'autre et que l'autre se sent vraiment compris, la relation se transforme comme par magie. La plupart des conflits résultent du fait que l'on ne cherche pas à comprendre l'autre. On veut à tout prix rester sur sa position et avoir raison.

La compréhension est pourtant essentielle à l'harmonie entre deux conjoints. On doit pouvoir être en mesure de saisir le point de vue de l'autre à volonté. Si l'on résiste, les disputes et les malentendus s'ensuivent. La compréhension exige un certain seuil de volonté et d'effort. Il faut vouloir comprendre l'autre et lui donner le sentiment qu'on le comprend.

Aujourd'hui, je vois que la compréhension est un ingrédient essentiel à une relation de couple. Je peux comprendre le point de vue de l'autre sans avoir à renoncer au mien. Lorsque j'accepte d'être présent et d'écouter l'être cher, la relation se transforme comme par magie.

LES FEUILLES D'AUTOMNE

«Lorsque vient l'automne, nous restons plus souvent à la maison. Nous aimons faire de grands feux dans la cheminée, boire du thé chaud et regarder les feuilles tomber. Nous sentons que nous pouvons enfin passer du temps ensemble en toute quiétude. Le temps, la vie nous semblent au ralenti et c'est le moment de causer et de rire ensemble. Nous faisons des promenades et nous jouons aux cartes en écoutant de la musique classique. L'automne, c'est la saison où nous célébrons vraiment notre couple.»

— Louise H.

L e couple peut se manifester par des gestes et des mots simples. Nous avons parfois l'impression que le couple est une zone de négociations entre deux êtres complexes. Mais deux personnes qui s'aiment et qui aiment passer du temps ensemble peuvent ralentir le rythme, et simplement s'apprécier. Le couple remplit alors sa mission fondamentale.

Aujourd'hui, je sais que ma relation de couple est un plaisir simple que je peux apprécier à tout moment. Je peux être là simplement et profiter du temps passé en compagnie de l'être cher.

6 octobre

CÉLÉBRER L'EXCEPTIONNEL

«Ce qu'il y a d'exceptionnel à propos de notre couple, c'est que nous sommes encore en vie et ensemble après trente ans de mariage. Notre vie de couple n'a pas toujours été de tout repos. J'ai menacé de prendre la porte à plus d'une reprise mais je suis toujours resté car je n'aurais pas été capable d'essuyer cet échec. Je savais que je participais à la bonne relation avec la bonne personne, mais j'ai dû mettre des années avant d'être assez calme et vouloir rester en place. Je sentais que les choses ne bougeaient pas assez vite et qu'Émilie prenait les choses trop à la légère. Ce que je n'avais pas compris, c'est qu'il ne vaut pas la peine de se battre contre des moulins à vent et se précipiter à gauche et à droite sans avoir en main un plan d'action. Les années m'ont apporté plus de maturité et heureusement Émilie a été en mesure de me supporter, malgré mon impatience et mon sang latin.»

— Yves J.

Il y a toujours quelque chose d'exceptionnel dans la relation de couple. Il s'agit de regarder et de prendre conscience que l'amour est exceptionnel en soi. Le fait de se lier par contrat amoureux pour le meilleur et pour le pire est exceptionnel. Le fait de surmonter nos instincts primaires et de rester pour bâtir et pour communiquer est exceptionnel.

Aujourd'hui, je célèbre l'exceptionnel.

DANS UN MONDE IDÉAL

*D*ans un monde idéal, il n'y aurait pas de guerre et les gens de bonne volonté vivraient en paix. Dans un monde idéal, on trouverait de l'aide et les gens travailleraient ensemble à bâtir un avenir meilleur pour tous les enfants. Dans un monde idéal, l'amour du couple durerait toute une vie et chacun rencontrerait l'être cher.

Bien que nous ne vivions pas dans un monde idéal et que la vie quotidienne de plusieurs est une lutte pour la survie, nous ne devons pas abandonner l'idée d'un monde meilleur. Chacun a sa part de responsabilité. Chacun peut choisir de créer des heures de joie ou des heures de misère. Chacun peut tendre la main et accepter d'aider son voisin de la manière dont il le peut.

Aujourd'hui, je sais que mon attitude et mes actions peuvent changer les choses. Je peux être aimant ou indifférent. Je peux créer l'harmonie dans mes rapports ou semer la zizanie. Je choisis de contribuer de la façon dont je peux aujourd'hui à créer un monde meilleur.

LE STRESS

*L*a vie moderne nous apporte toutes sortes de stress: les responsabilités familiales, relationnelles et professionnelles; les contretemps, les embouteillages, le vacarme, les difficultés d'adaptation, les conflits et les déceptions. Le stress, la friction entre ce qu'on souhaite et ce que l'environnement nous offre comme réponse à nos attentes, peuvent entraîner de lourdes conséquences sur nous. Certains réagissent mieux au stress que d'autres. Dans un contexte idéal, la relation de couple nous permet de nous détendre et de nous vider du stress quotidien. Mais nous savons que le couple peut être une source de stress supplémentaire.

On doit pouvoir évaluer ce qui est bon et ce qui est nécessaire. Si notre partenaire subit un stress énorme qui dépasse ses capacités d'adaptation, nous devons être suffisamment sensibles pour ne pas en ajouter et lui venir en aide afin de réduire son stress. La relation de couple nous permet de mieux gérer le stress. En étant sensibles et en collaborant ensemble, nous trouverons des solutions aux exigences et aux tracas de la vie.

Aujourd'hui, je viens en aide à l'être cher. Au lieu d'ajouter au stress de la vie quotidienne, je cherche à alléger son fardeau de manière à ce que nous rétablissions l'harmonie.

LES PENSÉES QUI NOUS HABITENT

*L*a fin d'une relation amoureuse se déroule dans notre coeur. Souvent les conflits et les ruptures s'effectuent au niveau de nos pensées avant de se traduire dans la réalité. On réfléchit à des commentaires qui ont été faits. On pardonne, mais on n'oublie pas. On repense à toutes les injustices subies et on nourrit une profonde rancune. Ces pensées qui nous habitent nous font passer par toutes sortes d'émotions et nous font voir des choses qui ne sont peut-être pas là.

Il faut se souvenir que les pensées sont passagères. Elles viennent et elles repartent. La relation de couple est bien réelle. Les pensées qui nous visitent ne sont pas nécessairement réelles, bien qu'elles nous informent sur notre perception de la réalité du couple.

Aujourd'hui, je chasse toutes les pensées négatives qui m'habitent. Je les laisse venir et repartir sans m'en préoccuper. Je cherche plutôt à évoluer dans le monde extérieur, en communication avec l'être cher.

DE LA CRÈME CHANTILLY

*C*haque personne a besoin de savoir qu'elle est aimée et appréciée à sa juste valeur. Dans la vie d'un couple, on tient souvent les bonnes choses pour acquises. Mais lorsqu'on observe de plus loin, on se rend compte que cet acquis provient en fait de notre travail et de notre dévotion. On peut cependant reconnaître la contribution de l'autre dans notre vie. Il faut témoigner notre amour et notre appréciation à tout moment. Un geste tendre, un petit mot qui dit: «Tu es vraiment formidable» peuvent faire une grande différence dans la journée de l'être cher.

Aujourd'hui, je prends le temps de faire des compliments. Je vois comment l'être cher a transformé ma vie pour le mieux et je le lui dis.

JOUER ENSEMBLE

On peut jouer ensemble que l'on ait six ou soixante ans. Le jeu n'est pas réservé qu'aux enfants. On peut se laisser aller, jouer et rire ensemble. Plusieurs couples intègrent le jeu à leur vie de tous les jours. Ils jouent avec les enfants ou planifient des rencontres avec des amis pour jouer à des jeux de société ou pratiquer des sports. Surtout, ces couples ont su intégrer le jeu à leur vie quotidienne. Les échanges sont amusants, les commentaires enjoués. Pour être heureux, il faut pouvoir jouer ensemble. La vie est suffisamment sérieuse et parfois maussade. En jouant, on peut réduire le stress et donner du piquant et de la vitalité à notre vie de couple.

Aujourd'hui, j'ai envie d'intégrer le jeu à notre vie de couple. Il y a plein de jeux auxquels nous pouvons jouer ensemble. En jouant ensemble, nous retrouverons le plaisir et l'émerveillement de l'enfance.

LA SANTÉ ET LE BIEN-ÊTRE DU COUPLE

*L*e couple est un sanctuaire qui nous protège contre la maladie et la confusion. Ce sanctuaire est notre domaine. Là, nous sommes à l'abri dans la sécurité de l'amour et la protection qu'offre le couple. Ensemble, nous guérirons. Ensemble, nous veillerons à notre bonheur et à notre plénitude. La vie moderne est truffée de pièges et de mésaventures. Mais le couple demeure un îlot de paix pour ceux qui savent vivre ensemble. Je serai là pour toi mon amour. Je serai là lorsque tu seras mal en point, pour t'apporter le soulagement et la tendresse que tu mérites. Je te garderai près de moi pour toujours et je te donnerai ce que ton corps et ton esprit désirent.

Aujourd'hui, je sais que le couple est mon sanctuaire. J'y suis bien et j'y suis en paix. J'y retrouve la santé et le bien-être essentiels.

DONNER CE QUE L'ON AIMERAIT RECEVOIR

L'intimité du rapport de couple nous oblige à dévoiler les moindres facettes de nous-même. Éventuellement, l'être cher nous verra agir ou réagir en diverses situations et à divers niveaux émotionnels. Étant donné que nous partageons un espace intime, nous faisons traverser plusieurs phases affectives à l'être aimé. En dépit de ces péripéties inhérentes à la vie à deux, nous nourrissons également le désir de choyer et de protéger l'autre. Alors comment établir un juste équilibre entre le fait de respecter l'être cher tout en étant soi-même et en s'exprimant librement? Il s'agit pour cela de donner ce que l'on aimerait recevoir.

Vous savez comment vous aimez que l'on vous traite. Vous savez quels égards vous sont agréables. Vous savez sur quel ton vous n'appréciez pas que l'on vous parle. Il ne vous reste plus qu'à faire profiter l'être aimé de vos propres exigences. Il est possible de braver une tempête affective sans se montrer cinglant vis-à-vis de l'autre. Chacun a droit à ses émotions, mais il y a la manière de les exprimer. En les exprimant correctement, on s'évitera de plus sérieux désagréments.

Aujourd'hui, je lui donne ce que je désire recevoir. Je sais que je peux être moi-même tout en respectant l'être cher.

14 octobre

À L'INTÉRIEUR, IL FAIT BEAU.

«Ce que j'aime de notre relation de couple, c'est que chacun peut être soi-même à tous les moments. Au travail, je dois travailler avec toutes sortes d'individus et je dois affronter les pires situations sans broncher. À la maison, je peux me laisser aller et m'exprimer librement. Michel m'aime comme je suis. Lorsque je rentre à la maison le soir, j'ai l'impression d'être en vacances. Nous nous préparons un délicieux dîner et nous regardons un film à la télé. Ou nous allons promener le chien. Rien de compliqué. Nous aimons être ensemble.»

— Adèle H.

Le confort et l'agrément sont inestimables pour les gens qui doivent travailler dans des conditions difficiles. Pour eux, la relation est un havre de tranquillité sur une mer houleuse. On peut établir un contexte de détente et de bien-être au profit du couple. Il s'agit de s'entendre sur le fait que la relation nous appartient et nous offre la joie et le réconfort que nous recherchons.

Aujourd'hui, je vois que notre relation peut être comme une bonne vieille paire de pantoufles. La relation de couple ne doit pas nécessairement être un travail d'introspection et de remise en cause constante. Elle peut offrir un lieu stable de chaleur et de sécurité.

LA FAMILLE ET LES ENFANTS

*L*e couple donne naissance à la famille et la famille donne naissance à la communauté. La communauté donne naissance à la patrie et la patrie donne naissance au monde. À la base, il y a nous ainsi que nos enfants. Nous voulons tous établir un contexte chaleureux et sécuritaire pour nos enfants. Nous voulons grandir avec eux et les inclure à notre vie. Les enfants sont des êtres complets qui nécessitent notre amour et notre appui. La famille peut être un lieu de joie, d'amour et d'entraide. Ces petits bouts de chou qui grandissent si vite, nous regardent et s'inspirent de nos attitudes et de nos comportements. Nous savons que la responsabilité nous incombe de leur montrer à devenir de bons citoyens, à aimer et à réussir leur vie. En formant un couple aimant et harmonieux, nous leur enseignons la plus importante leçon.

Aujourd'hui, je vois que ma relation de couple peut servir de modèle. Mes attitudes et mes comportements influencent tous les membres de la famille. En étant juste et tolérant, en me comportant avec amour et civilité envers l'être cher, j'accomplis une mission noble.

DIRE JE T'AIME

*O*n oublie parfois que deux petits mots peuvent faire toute la différence dans la journée de l'être cher. *Je t'aime* dit avec intention transforme l'humeur et donne des ailes.

Aujourd'hui, je prends le temps de dire je t'aime à l'être cher.

SAVOIR PARDONNER

«Le pardon consiste à prendre conscience que vous faites vous-mêmes partie d'une humanité imparfaite, et que celle-ci est momentanément incarnée par la personne qui vous a causé une déception. Pardonner, c'est voir le manquement de l'autre comme un reflet de l'imperfection humaine en général, et non comme un geste intentionnellement cruel, carrément dirigé contre vous. Le pardon élargit votre perspective. Si vous avez de la difficulté à pardonner, pensez à vos propres imperfections.»

— Daphne Rose Kingma

Un couple ne pourra survivre sans le pardon authentique. Nous sommes des êtres en croissance et en découverte. Nous avons tous des limites, des barrières et des aberrations. Chaque personne doit commettre ses propres erreurs et essuyer les conséquences de ses faux bonds. Un couple peut servir à nous remettre d'aplomb chaque fois que nous errons. Un couple doit savoir pardonner, comme il doit aussi oublier.

Aujourd'hui, je vois comment le pardon peut être un outil précieux dans le développement de notre couple. Je suis humain et je vis avec quelqu'un qui a ses limites propres. Je peux me pardonner et pardonner à l'être cher, car je sais que nous tentons chaque jour de nous améliorer et de renforcer notre lien.

LE SEXE AVANT LE MARIAGE

«Je crois que la sexualité prémaritale a tué le couple. De nos jours, on a l'impression qu'on doit tester la marchandise avant d'en faire l'achat. Ainsi, on peut avoir son bonbon sans prendre d'engagement. Les gens se satisfont de gratifications à court terme jusqu'au moment où ils se rendent compte qu'ils vieilliront peut-être seuls. Et à l'âge de 35 ou de 40 ans, ils se disent prêts à une relation engagée. Ces comportements affaiblissent le couple, le mariage et la famille. On ne veut pas nécessairement fonder une famille à l'âge de 40 ans. En cours de route, nous avons perdu nos valeurs familiales. Nous avons perdu le sens réel et profond de l'engagement à long terme.»

— Richard M.

Au cours des 30 dernières années, nous avons constaté l'éclatement de la famille et du couple traditionnel. Maintenant, nous retrouvons une variété de formules telles que: famille monoparentale, célibat endurci, concubinage, relations éphémères, etc. Peut-être les individus sont-ils plus libres maintenant? Libres de connaître toutes sortes d'aventures, de vivre ensemble, de se séparer et de vivre seul. On voit partout les fragments et les vestiges du couple et de la famille. Les couples engagés sont presque devenus minoritaires. Pourtant, le couple et la famille sont les fondements de notre monde.

Aujourd'hui, je sais que la force et la stabilité résident dans l'engagement. Malgré l'absence de support et de modèle en société, je forgerai une alliance d'amour.

LES LIMITES DU CORPS HUMAIN

Nul n'ignore que le corps humain a ses limites. Mais l'esprit est sans limite. Il est expansif et puissant au-delà de tout ce qu'on peut imaginer. On regarde quelqu'un et on voit un corps. Le corps n'est cependant pas important car il est appelé à vieillir et à disparaître. Au-delà du corps, il y a l'esprit qui est intemporel. Lorsque nous formons un couple, nous sommes souvent attirés par le corps et la beauté physique, mais rapidement nous devons nouer avec l'être spirituel qui anime ce corps. Une relation de couple peut durer toute une vie et bien au-delà, pour peu que nous le voulions. Nous nous connaissons depuis fort longtemps. Et voilà, que soudain nous avons la chance de vivre ensemble au cours de cette incarnation.

Aujourd'hui, je sais que l'esprit est intemporel et que l'amour que je donne dans cette vie m'appartiendra à jamais. Je peux fonder des liens d'amitié qui dureront une éternité. Je peux aimer bien au-delà des limites de mon corps physique. Pourquoi me satisfaire de peu quand je sais que je peux aimer l'esprit et me donner corps et âme?

Savoir quand s'arrêter

«Elle ne savait jamais quand s'arrêter. Je revenais à la maison fatigué et je devais l'entendre disputer jusqu'au coucher. J'avais installé un interrupteur dans ma tête que j'allumais lorsqu'elle commençait grâce auquel je n'entendais plus rien que des sons. Lorsque j'atteignais la limite, je prenais mon manteau et je quittais la maison. Mon départ la rendait encore plus folle mais je n'en pouvais plus de me faire sermonner pendant des heures, voire même des jours. Sous prétexte que nous formions un couple, elle se croyait le droit de dire n'importe quoi et de me faire la morale à tout moment. Elle était devenue intolérable.»

— Pierre P.

La communication est une voie à deux sens. On dit quelque chose et on attend une réponse. Ensuite après avoir entendu et compris la réponse, on peut ajouter quelque chose d'autre. Souvent, la communication ne se fait pas. Nul ne veut entendre. Il se trouve une rupture fondamentale dans le processus communicationnel. Pour réussir notre relation de couple et vivre à deux en harmonie, il doit exister une communication authentique et permanente. Il faut réagir rapidement aux ruptures de communication dans un couple. Notre bonheur et notre survie en dépendent.

Aujourd'hui, je vois que la vitalité de notre couple repose sur notre volonté et notre aptitude à communiquer. Toute rupture du processus communicationnel entre nous menace notre bien-être.

Où sont passés les princes charmants?

«Comme toutes les filles, je croyais que j'allais rencontrer mon prince charmant. Et en rencontrant ce chevalier monté sur son cheval blanc, ma vie allait se transformer comme par magie. Nous pourrions vivre ensemble, heureux jusqu'à la fin de nos jours. Mais, comme la plupart des femmes, j'ai embrassé plusieurs grenouilles avant de trouver mon prince charmant. Et mon prince charmant a commencé à l'être beaucoup moins après quelques mois de vie conjugale. Il faudrait plutôt enseigner aux enfants que la vie est dure et que, avec un peu de chance, on trouvera peut-être un peu de bonheur dans la vie de couple. De cette façon, on serait moins déçu en devenant adulte.»

— Lorraine R.-M.

Il est difficile de faire le poids contre nos notions concernant la vie de couple idéale. Nous entretenons des idées préconçues par rapport au couple. Le couple est un trajet que l'on parcourt à deux. Il y a des déceptions, des contretemps et des ajustements qu'on doit effectuer en cours de route. Mais la coopération entre les membres d'un couple leur offre joie et récompense. La réalité du couple est encore plus merveilleuse que le mythe car elle implique un processus de croissance qui mène à la découverte de soi et de l'autre.

Aujourd'hui, je peux écarter mes notions erronées concernant la vie de couple pour mieux être présent à la réalité. En regardant et en appréciant la réalité, je pourrai vivre pleinement, au moment présent, avec l'être cher.

LA PEUR DE LA SOLITUDE

S i notre principale raison de former un couple est d'éviter de se retrouver seul, ce motif ne sera jamais suffisant pour assurer la survie du couple. La solitude peut être extrêmement pénible et n'est pas un projet en soi, à moins d'aspirer aux hauteurs de la réclusion monastique. On se retrouve rarement seul par choix. Mais si on doit se retrouver seul, on peut voir cette expérience d'un oeil positif en se disant que cette période nous permettra de clarifier nos attentes et nos objectifs par rapport à la vie. On pourra aussi envisager le début d'une nouvelle relation en sachant qu'on a pris le temps nécessaire pour vraiment apprendre à se connaître et à s'apprécier.

Aujourd'hui, je ne fuis plus la solitude. Je l'accueille à bras ouverts car je sais qu'en vivant à fond ma solitude, je me retrouverai. Et lorsque je serai prêt pour une nouvelle relation, j'aurai vécu tout ce que je devais vivre afin d'apprécier pleinement cette nouvelle relation.

LES DRAMES FAMILIAUX

*L*orsqu'on entre dans une relation de couple, on entre dans la réalité globale de la famille élargie. L'être cher apporte avec lui sa famille et son vécu familial et vous le vôtre. Cette fusion d'expériences et de réalités différentes crée un contexte particulier: des attentes, des rituels précis, des attitudes communes et des responsabilité familiales. Avec la famille élargie vient la possibilité d'être exposé aux drames familiaux. Les drames familiaux (maladies, dépendances, violence, mortalité) peuvent affecter la relation du couple. On est toujours libre de choisir son attitude face aux drames familiaux qui marquent notre famille ou celle de notre partenaire. L'idée première consiste à éviter de se retrouver impliqué dans ces drames et de protéger l'intégrité du couple.

Aujourd'hui, je vois que la vie en couple nous expose à la réalité de deux familles élargies. Je surveille bien les situations qui surviennent et, tout en étant cordial et sympathique envers les membres de nos familles respectives, j'évite de nous impliquer dans les drames familiaux qui se jouent autour de nous.

MA PROPRE RÉALITÉ

J'ai ma propre réalité et tu as la tienne. Nous sommes en relation et nous avons une réalité de couple qui existe au-delà de nos réalités individuelles. Je ne te demanderai pas d'abandonner ta propre réalité ou de la subordonner au profit de la réalité du couple. Je te demande de respecter ma réalité et de tenir compte de notre réalité commune. Si tu partages ta réalité avec moi, je tenterai de la comprendre et de voir les choses de ton point de vue. Si ta réalité est fondée sur la négation de ma réalité ou de notre réalité commune, je te demanderai de réviser ton point de vue et d'apporter les changements nécessaires. Si ma réalité ne tient pas compte de notre réalité commune, je serai disposé à faire les ajustements nécessaires. En communiquant ensemble, nous pourrons résoudre tous les problèmes qui se présentent.

Aujourd'hui, je sais que tu as ta réalité et que j'ai la mienne. Notre réalité de couple doit être la genèse de nos deux réalités.

APPRIVOISER LE VENT

*L*e corps humain est animé par une force vitale. Cet élan vital, l'esprit humain, habite forcément le couple. Ici deux esprits se joignent pour former une alliance matérielle et spirituelle. Le couple a une vie dynamique et une direction qui lui est donnée par la synthèse de nos rêves, de nos aspirations et de nos désirs d'êtres spirituels. Le couple nous aide à apprivoiser et à orienter l'élan vital de l'esprit qui se manifeste dans l'amour, le partage et les projets communs. Le couple ne peut pas demeurer sous une forme statique. Il se transforme et évolue au fil des prises de conscience des deux êtres qui le composent. En couple, je participe donc à l'évolution d'une entité vivante qui est plus grande que moi seul. Je vis dans la conscience et l'identité même de l'amour et de l'apprentissage.

Aujourd'hui, je sais que je vis dans la conscience et l'identité de l'amour et de l'apprentissage. Je grandis chaque jour au sein de mon couple et je suis de plus en plus lié à la nature fondamentale de l'amour.

AGISSEZ MAINTENANT

«Le temps passe vite et la vie est si courte! La personne que vous aimez et vous-même ne serez pas ici-bas éternellement. Tant que nous sommes ici, que nous sommes des êtres humains qui nous aimons les uns les autres, nous devons dire les bons mots, avoir du plaisir, faire des choses ensemble, échanger des cadeaux, ouvrir nos coeurs et nous consoler les uns les autres. Le temps n'est pas éternel. Quoi que vous projetiez d'accomplir, passez à l'action dès aujourd'hui.»

— Daphne Rose Kingma

Aujourd'hui, je sais que je n'ai pas besoin d'attendre pour exprimer toutes les belles choses que je ressens et tout l'amour que je porte en moi.

TOUS NOS SOUVENIRS

«J'ai l'impression que les années ont filé entre mes doigts comme du sable fin. Je m'assois avec Étienne et nous regardons les photos de notre mariage, de notre vie de couple, de nos enfants et des gens que nous avons fréquentés au fil des ans. Je revis toutes les émotions passées. Je peux même sentir les odeurs et goûter les saveurs comme si j'étais encore là. Étienne a toujours une anecdote à me raconter, un événement qui l'a marqué qu'il a peut-être déjà partagé avec moi. Ces moments sont précieux car nous constatons ainsi combien nous avons eu une vie riche et pleine. Nous avons passé de si belles années ensemble et maintenant, à l'aurore de notre vie de couple, l'amour est toujours présent».

— Laetitia G.

Personne ne peut nous enlever nos souvenirs. Au fur et à mesure que notre relation de couple évolue, nous accumulons des souvenirs communs. Ces souvenirs communs témoignent de la richesse et de la profondeur de notre amour. Nos vies ont changé au cours des années mais notre couple a résisté à l'épreuve du temps. Nous pouvons être heureux et fiers de nous.

Aujourd'hui, je vois qu'il y a de bons souvenirs. Ces souvenirs réchauffent nos coeurs et renforcent notre relation de couple.

VIVRE SIMPLEMENT DANS UN MONDE COMPLEXE

*L*e couple ne doit pas nécessairement être complexe. On peut vivre ensemble, s'aimer et se faire plaisir sans chercher la signification profonde des choses. Plusieurs couples sont aux prises avec un processus d'introspection sans fin qui ne mène nulle part. Ils sont persuadés qu'il existe un malaise profond et diffus qui est enfoui dans les profondeurs de leur relation. Ils se tourmentent, s'interrogent et oublient de vivre au jour le jour avec ce qu'ils ont entre les mains. La relation de couple peut être une expérience simple et réconfortante qui permet à chacun de prendre de grandes bouffées d'air frais.

On peut jouer, rire, manger, faire l'amour et dormir sans tout remettre en cause. On peut profiter des biens communs tout en progressant vers une situation plus idéale encore. La relation de couple mérite d'être vécue un moment à la fois. Si on passe son temps à tout remettre en question, on se retrouve dans la confusion la plus totale.

Aujourd'hui, je vis ma relation de couple en toute simplicité. En étant présent ici et maintenant, je peux profiter de la belle relation que j'ai fondée avec l'être cher.

JUSTE UN GIGOLO!

*L*a monogamie a pris un dur coup depuis quelques décennies. On accepte facilement l'infidélité et le divorce, un peu comme si le mariage et la relation de couple stable étaient tout à fait accessoires. Ce qui importe aujourd'hui, c'est la réussite professionnelle, la carrière et le bien-être matériel. Si un homme accède à la fortune et au prestige social et qu'il veut se payer une maîtresse, il n'y pense pas à deux fois. En vérité, nous sommes devenus une société de gigolos. La fidélité, l'engagement, la loyauté et les autres valeurs nobles ont été remplacés par des réalités économiques. L'être humain est tombé dans la confusion totale.

Cependant, on constate une différence entre ces gens et ceux qui ont choisi de vivre leur vie en fonction d'un code moral fondé sur des valeurs sûres. Ils sont généralement plus heureux. Leurs enfants et leurs familles s'intègrent et ils réussissent mieux dans la vie. L'absence d'un code de conduite sème la confusion et le déséquilibre émotionnel.

Aujourd'hui, je reconnais la puissance d'un code de conduite axé sur des valeurs sûres. J'applique ce code dans chaque sphère de ma vie et je récolte les fruits d'une vie intègre.

ON EST MIEUX ENSEMBLE

«Lorsque je fais le bilan, je vois que je me porte mieux au sein du couple que seul. Il m'arrive parfois de vouloir en finir pour me retrouver célibataire. Alors je serais libre et je pourrais faire ce dont j'ai envie. Mais à bien y penser, la vie de couple est beaucoup plus riche et intéressante. J'ai le sentiment profond de faire partie de quelque chose et d'avoir un rôle spécifique dans la vie. Si j'étais seul, je voudrais être en relation car j'aime la stabilité et les plaisirs du couple. Je vois que la vie est meilleure en couple.»

— Jean-François P.

Aujourd'hui, je sais que ma relation de couple m'offre tout ce dont j'ai besoin pour être heureux. Dans les moment difficiles, il m'arrive de penser que je serais plus heureux célibataire. Cependant, la vie de célibataire est beaucoup trop restreinte pour combler tous mes besoins.

ÊTRE OU AVOIR

«Les possessions ne peuvent jamais accomplir pour nous ce que les gens peuvent. Les choses, peu importe à quel point elles sont grandes, merveilleuses ou impressionnantes, ne peuvent jamais satisfaire en nos coeurs le besoin d'amour véritable. Les choses peuvent nous distraire, nous impressionner, nous retenir, nous conférer un faux prestige, nous remonter provisoirement le moral, mais elles ne peuvent jamais prendre dans nos coeurs la place de l'amour d'un seul être humain compatissant.»

— Daphne Rose Kingma

Aujourd'hui, je reconnais que la relation de couple est une expérience et non une possession. On aime accumuler des choses, mais le couple appartient à l'être et non à l'avoir. Je ne pourrai jamais posséder l'être cher mais je peux vivre et choisir librement d'être avec lui. Les possessions sont éphémères. L'expérience, la présence et l'être persistent.

OUVRIR LA PORTE À L'AMOUR

«J'ai mis des années avant de me rendre compte que c'était impossible pour quelqu'un d'être en relation avec moi. Au fond de moi, je ne voulais pas qu'on me rejoigne, qu'on me connaisse vraiment. Je ne voulais pas être vulnérable ou me sentir pris au piège. Je crois que ce que les gens ont pu percevoir de moi était une forme de détachement ou d'arrogance. Mes relations de couple ne pouvaient pas durer car les femmes qui entraient dans ma vie avaient l'impression que j'étais indifférent. Ce scénario de défense a duré des années, jusqu'au moment où je me suis rendu compte que je n'avais ni ami ni amour et que je m'ennuyais à mourir. J'ai dû ranger mon bouclier de défense et laisser les autres entrer.»

— Michel de R.

Pour être en relation, il faut être accessible. Si on vit sa vie comme on visionne un film, sans vraiment s'investir, ou si on élève des barrières infranchissables autour de soi, on ne sera jamais capable de connaître les fruits de l'amour et l'intimité. La vulnérabilité, la présence et la communication authentique impliquent un certain niveau de danger. En étant atteignable, on peut se faire faire du mal. Mais sans l'expérience créative de l'amour et de l'amitié, la vie n'a aucun sens.

Aujourd'hui, j'ouvre la porte à l'amour et je fais acte de présence par rapport à l'autre. Bien sûr, je risque d'être blessé, mais je risque aussi de vivre quelque chose de vrai et de connaître une transformation profonde grâce à notre union.

TROUVER QUELQU'UN QUI NOUS AIME

*O*n entend toutes sortes de formules particulières par rapport à l'amour et aux relations de couple. Certains disent que l'on doit trouver quelqu'un qui nous aime plus qu'on l'aime. D'autres prétendent que la relation du couple est un partage d'amour: on doit aimer autant que l'autre personne nous aime. On entend aussi que si on s'aime trop, l'autre sera repoussé et aura tendance à nous exploiter car alors on est trop épris pour être objectif. Toutes ces formules ne sont que cela: des formules. Des idées vagues qui ne trouvent pas de fondement dans la réalité objective de la relation. On ne peut pas mesurer le niveau de l'amour et chaque personne vit une relation à sa façon.

Une chose est sûre. Pour participer à une relation de couple vivante et passionnée, on doit se sentir aimé et savoir qu'on aime vraiment. Lorsque ces éléments sont en place, la relation peut progresser. Le fait de sentir qu'on aime plus ou moins que l'autre ne nous apportera pas beaucoup, à moins de rechercher un avantage stratégique. Mais la relation de couple n'est ni une guerre ni une stratégie commerciale.

Aujourd'hui, je sens que tous les éléments sont en place dans notre couple. Je sais qu'il y a assez d'amour entre nous pour que nous restions ensemble et pour nous donner l'élan nécessaire afin que nous cheminions ensemble.

LES CONQUÊTES

«Lorsque j'étais au collège, mes copains et moi avions un petit concours qu'on appelait la conquête du mont Everest. Ce concours consistait à savoir qui allait coucher avec le plus grand nombre de filles durant l'année avec preuve à l'appui (il fallait rapporter quelque chose de très personnel comme un slip pour en faire la preuve). Je venais tout juste de d'amorcer mes recherches lorsque j'ai rencontré Jeanne. Je me suis rendu compte aux premiers abords que je n'allais pas simplement la séduire pour ensuite la mettre de côté. Jeanne n'était pas idiote. Elle me laissait approcher mais ne me donnait pas mon bonbon. Je me suis épris d'elle après quelques rencontres et je me suis retiré du concours. Pourquoi perdre son temps à la surface, lorsqu'on peut approfondir une relation et vivre quelque chose de vraiment significatif?»

— Pierre-Carl L.

L es rapports sexuels nous offrent une forme de gratification à court terme. La relation de couple nous offre tout un monde d'expériences et de satisfaction. Lorsqu'on est jeune, on cherche à se prouver qu'on est capable de séduire et de plaire. Avec la maturité, on cherche à se prouver qu'on peut entretenir quelque chose de plus significatif et plus durable.

Aujourd'hui, je me laisse apprivoiser par l'autre et je vis ma relation de couple en profondeur. Cette relation m'offre tout ce dont j'ai besoin et plus encore. Pourquoi voudrais-je remettre cela en cause?

4 novembre

L'ART DE LA CONSOLATION

*L*a relation de couple nous demande d'être présent et de comprendre l'autre. Il faut se mettre dans la peau de l'être cher et s'identifier à lui, à ses aspirations, ses motifs, ses craintes et ses déceptions. Nous n'avons pas à devenir tristes pour comprendre et apprécier la tristesse de l'autre. Nous n'avons pas à souffrir pour bien cerner et appuyer l'être cher dans sa souffrance. Déjà, en lui tenant la main et en lui disant: «Je suis là mon amour pour partager tes joies et tes souffrances», la barrière est à moitié franchie.

Aujourd'hui, je m'engage à être là pour l'être cher dans la joie et dans la misère. Je suis l'épaule sur laquelle il peut s'appuyer. Je suis la main tendue. Je suis l'échelle.

L'AMOUR QUI GUÉRIT

L'amour est certes un état d'esprit et un sentiment. Mais l'amour est aussi une force qui transforme et qui guérit. Dans la vie, nous pouvons traverser toutes sortes d'expériences. Certaines peuvent être particulièrement pénibles et nous marquer à jamais. Heureusement! l'amour peut nous consoler et nous guérir. L'amour pénètre au fond de nous et vient nous trouver. Lorsque nous sommes à côté d'une personne qui nous aime et qui veut notre bien, son amour peut pénétrer en nous et venir soulager et guérir les blessures du passé. L'affinité, l'amour et l'admiration sont des ondes harmoniques qui font fondre la confusion et la peine.

Aujourd'hui, j'utilise le pouvoir curatif de l'amour pour soulager les peines de l'autre. Lorsqu'on sent l'amour dans sa vie, on peut vaincre toutes les détresses.

LA VALEUR DE L'INTÉGRITÉ

C hacun sait quand il est intègre et quand il ne l'est pas. Chacun sait lorsqu'il dit la vérité et lorsqu'il la cache. Chacun sait lorsqu'il prend la meilleure décision pour le plus grand bien commun et quand il choisit la voie de la facilité. Nous irons au coeur de notre couple lorsque nous serons en mesure d'être fidèle à nous-mêmes, à nos principes et aux vérités que nous connaissons en notre for intérieur. Les petites transgressions que nous commettons, les petits mensonges et les demi-vérités que nous fabriquons pour nous protéger finissent par avoir raison de nos relations. En étant intègres tous les jours et en toutes circonstances, nous pourrons vivre heureux et profiter pleinement de la relation de couple.

Aujourd'hui, je vis à coeur ouvert. Je suis fidèle à mes principes et aux vérités que je connais. Je sais que ma relation de couple peut grandir si je suis intègre à tout moment.

LE CONCUBINAGE

«J'étais dans un petit café avec quatre de mes copines. Nous étions toutes en relation. J'étais la seule femme mariée du groupe. Mes copines m'ont demandé pourquoi j'avais tenu à me marier alors que j'aurais pu vivre en concubinage tout simplement. Selon elles, le mariage n'était plus nécessaire et pouvait nuire à l'autonomie de chacun. Je leur ai répondu qu'à mes yeux, le mariage traduit un engagement officiel auquel deux personnes consentent librement. Pierre s'engageait à me protéger et à m'appuyer pour la vie. Je crois que les femmes sont toujours perdantes dans les relations de concubinage.»

— Christiane V.

De plus en plus de gens ont l'impression que le concubinage offre plus d'avantages pour le couple que le mariage. Selon eux, le concubinage, même avec des enfants, est plus moderne et plus cool. Mais l'institution du mariage conserve de nombreux avantages sur le concubinage en ce qu'il rend l'union officielle et protège les parties. On peut toutefois divorcer, le mariage n'est pas une garantie de durabilité absolue. Toutefois, le divorce entraîne de nombreuses conséquences juridiques et financières qui nous mènent à réfléchir un peu plus avant de mettre un terme à notre entente.

Aujourd'hui, je sais que j'ai le choix de vivre en concubinage ou de me marier. En sachant que les deux solutions sont possibles, nous pouvons choisir en fonction du plus grand bien.

LIBRE D'INVENTER

*A*ujourd'hui, je sais que nous sommes libres d'inventer la relation de couple qui nous convient. Pourquoi tenter de se plier et de se mouler à des stéréotypes qui ne nous conviennent pas vraiment, alors que nous pouvons inventer une relation qui nous ressemble et qui nous permet d'être parfaitement nous-mêmes?

Aujourd'hui, je reste moi-même et j'apprécie la personne que je suis.

VIVRE SUR LA CORDE RAIDE

*P*ersonne ne peut vivre sur une corde raide avec l'idée qu'un mauvais geste peut lui coûter la vie. La relation de couple doit permettre à chacun de vivre et de s'exprimer librement. Cependant, beaucoup de gens vivent dans la crainte. Ils sont persuadés que s'ils s'expriment librement ou s'ils choisissent de faire quelque chose de leur propre chef, il se feront disputer et seront rejetés. Ce type de relation ne correspond pas à celle d'un couple mais plutôt à une forme d'asservissement maître-esclave.

Aujourd'hui, je refuse de vivre sur la corde raide. Je dois pouvoir m'exprimer et vivre librement en tout temps. Si je vois que mon partenaire cherche à brimer mon libre choix, je fais en sorte de le rappeler à l'ordre. Une relation de couple est fondée sur la liberté de choix et d'expression.

STRATÉGIE FATALE

«Ma soeur a toujours tendance à se retrouver avec des hommes qui aiment la faire souffrir. Lorsque j'ai rencontré son plus récent copain, je me suis demandée ce qu'elle avait bien pu voir en ce type. Un gars mal élevé, sans emploi et sans aucune perspective d'avenir. Parfois j'ai l'impression qu'elle aime souffrir. Elle sera avec lui un an ou deux, elle perdra son temps et se fera maltraiter. Ensuite, lorsque cette relation sera finie, elle sera là, à pleurer sa perte jusqu'au moment où elle rencontrera un autre type qui cherchera aussi à la faire souffrir.»

— Monique L.

Nous connaissons tous quelqu'un dont les relations de couple ressemblent à une tragédie grecque. Leur entourage sait d'avance que la relation ne peut pas durer, qu'elle est fondée sur la peur de l'ennui et sur la souffrance, mais personne ne peut intervenir jusqu'au déroulement inévitable de l'affaire. Ces gens sont prisonniers de leur propre stratégie fatale. Ils n'entretiennent pas de relation de couple; ils cherchent des bourreaux auprès de qui ils joueront la victime.

Aujourd'hui, je vois que chacun doit connaître ses propres expériences et atteindre ses propres conclusions. Je ne peux pas protéger les gens de leur stratégies fatales qui les entraînent vers des relations malheureuses. Je peux seulement être là s'ils désirent mon aide et mes conseils lorsqu'ils seront prêts au changement.

LES MOTS QUI FONT TOUTE LA DIFFÉRENCE.

*A*ujourd'hui, je peux dire les mots qui font toute la différence. Je t'aime. Tu es importante pour moi. Je fais ceci ou cela parce que je t'aime. Tu es la personne la plus importante dans ma vie. Sans toi, la vie n'aurait aucun sens. Je serai avec toi pour toujours mon amour. Tu es vraiment formidable. Je suis tellement heureux de te connaître et de vivre avec toi. Tu as transformé ma vie à jamais. Je t'aime plus aujourd'hui que lorsque nous nous sommes rencontrés. Je suis heureux de vieillir avec toi. Tu es la seule personne avec qui j'ai été vraiment en amour.

Ajourd'hui, je te parlerai d'amour parce que tu es importante pour moi.

LES ANNIVERSAIRES

*L*es anniversaires du couple et les anniversaires de mariage sont importants. Voilà l'occasion de rendre hommage à notre relation et de célébrer notre amour. Le fait que nous soyons ensemble depuis un an, cinq ans, vingt ans nous montre que notre relation résiste à l'épreuve du temps, qu'elle est toujours vivante et pertinente. Nous regardons le chemin que nous avons parcouru ensemble et nous voyons qu'il existe encore des choses à découvrir et à célébrer. Nous sommes heureux d'avoir choisi de vivre ensemble et d'avoir ensuite choisi de rester ensemble.

Aujourd'hui, nous célébrons notre relation de couple et, de cette façon, nous nous rappelons pourquoi nous avons choisi de vivre et de rester ensemble. Notre couple est principalement une source d'amour et de joie. Pourquoi ne pas prendre le temps de célébrer cet amour qui nous procure autant de plaisir et de chaleur?

LES ENNEMIS DE L'ESTIME PERSONNELLE

L'estime personnelle, la perception favorable que chacun entretient à l'égard de lui-même, est essentielle à une bonne relation de couple. Il y a des comportements qui favorisent l'estime de soi et d'autres qui lui nuisent. Nous savons que les commentaires dévalorisants, la toxicomanie, la dépendance au jeu ou à l'alcool, l'absence de but dans la vie, atténuent notre facilité d'aimer et de réussir. Si on désire vraiment grandir ensemble, on doit éloigner les ennemis de l'estime personnelle lorsqu'ils apparaissent. Notre bien-être et la survie de notre relation de couple en dépendent. Les ennemis de l'estime de soi s'infiltrent dans nos vies de façon anodine et sournoise. On ne se rend pas compte du problème avant qu'il ne soit trop tard. Pour cette raison, on doit toujours demeurer vigilant et, lorsqu'on en aperçoit les indicateurs, on doit réagir sans tarder pour éliminer cette source potentielle de sabotage de notre bien-être et de notre survie.

Aujourd'hui, je demeure vigilant et attentif aux comportements qui peuvent nuire à mon estime personnelle ou à l'estime de l'être cher. Je n'accepte pas les choses qui peuvent miner notre estime personnelle car je tiens à notre relation et je veux vivre en paix et en harmonie tous les jours.

ESSAI SUR LA SOTTISE HUMAINE

«Je regarde autour de moi et je constate que le plus gros problème auquel fait face l'être humain est la sottise. Les gens commettent sans cesse les mêmes bourdes et n'apprennent rien de leurs erreurs. Ils jugent mal les situations et ont des comportements qui nuisent à leur propre survie. On voit des gens intelligents commettre les pires bêtises au nom de la fierté ou parce qu'ils n'osent pas voir les choses telles qu'elles sont vraiment. Ils jugent les gens par leur apparence et jettent un regard superficiel sur les êtres qui les entourent et sur les expériences de la vie. Ils ne se rendent pas compte que chacun a sa valeur et que la vie est une expérience précieuse qu'on ne doit pas gaspiller.»
— Grégoire C.

Personne ne peut vous sauver de vous-même. Personne ne peut vous donner le bonheur et vous aider à vivre une vie harmonieuse. Personne ne peut vous obliger à utiliser votre intelligence et vos ressources de façon juste et rationnelle. Vous êtes maître de votre destinée et tout ce que vous vivez est le résultat de vos attitudes et de vos actions. Personne ne pourra vous sauver de votre sottise, si vous choisissez de vivre sans vous soucier des conséquences de vos actions.

Aujourd'hui, je vois que je suis l'unique responsable de ma situation. Je peux réussir et vivre heureux en utilisant mon intelligence et mes ressources de façon convenable. Si je connais des événements éprouvants, je dois me demander ce que j'ai fait pour en arriver à de tels résultats.

L'ÉCHANGE DES FEMMES

L'anthropologie, l'étude des cultures anciennes, nous montre que dans la plupart des tribus indigènes, les femmes étaient considérées comme une possession que l'on échangeait. Les femmes étaient distribuées par les aînés de la tribu. Ils contrôlaient l'échange des femmes. Avec l'échange des femmes venait le pouvoir et le contrôle de tous les autres biens matériels qui circulaient dans la tribu. Un homme ne choisissait pas aléatoirement une femme. Il obtenait une femme en raison de ses liens familiaux et des possessions que sa famille pouvait échanger.

Le relation du couple moderne est fondée sur le principe du libre-échange entre des partenaires égaux. Mais on remarque encore chez certains hommes un vestige de ces rites d'échange appartenant au passé. Certains considèrent encore la femme comme une possession et non comme un être libre et égal. Sans la reconnaissance de notre liberté et de notre égalité, la relation de couple ne pourra s'épanouir. Le couple d'aujourd'hui doit être formé de deux êtres conscients et libres.

Aujourd'hui, je vois que la relation de couple ne peut plus être fondée sur l'asservissement de la femme au profit de l'homme. Le couple est une entreprise entre deux êtres égaux et responsables.

LES DÎNERS ROMANTIQUES

*L*a romance est le miel de la relation de couple. Lorsqu'on prend le temps de dîner ensemble à la lueur des chandelles pour se parler doucement, on attise la flamme de la passion et on renforce les liens amoureux. La tendresse vient nourrir et calmer l'esprit, nous procure le plaisir d'être auprès de l'âme soeur doucement, tendrement.

Aujourd'hui, je prépare un dîner romantique. Je suis heureux de pouvoir passer ces moments tendres et doux à ses côtés simplement pour regarder son visage lumineux et entendre sa voix.

L'HIVER DE L'AMOUR

*L*a relation de couple ne connaît pas l'hiver. Lorsqu'on est ensemble pour des raisons pratiques et que la magie s'est envolée avec le froid et la neige, le coeur bat encore mais le soleil est si loin que l'amour ne se montre pas et la tendresse ne voit pas le jour. Comment peut-on faire fondre le givre qui ankylose l'esprit de l'amour? Comment peut-on faire refleurir notre amour lorsqu'un tapis de neige le recouvre et nous donne l'impression qu'il n'a jamais existé? Il s'agit de faire le premier pas, de tendre la main et de dire: «J'aimerais essayer encore.»

Aujourd'hui, je sais que l'amour peut renaître. L'hiver n'est pas éternel. Les fleurs de l'amour peuvent encore s'ouvrir sous le soleil chaud de ceux qui s'accordent une seconde chance.

Le fondement d'une vie heureuse

«Je suis un homme simple. Je n'ai pas eu une longue éducation et j'ai dû travailler fort toute ma vie. J'ai travaillé pour assurer ma survie et celle de ma femme et de mes enfants. La vie n'est pas facile pour un homme qui vient d'un milieu modeste et qui doit travailler chaque jour pour nourrir sa famille. Je n'ai pas encore eu l'occasion d'aller en vacances dans le sud de la France ou de passer mes dimanches à polir le chrome de ma Cadillac. Malgré tout, je me sens riche. J'ai une femme qui m'aime et une famille unie. Et j'ai le sentiment d'avoir joué un rôle dans la société en faisant mon travail.»

— Armand S.

Le couple et la famille demeurent les fondements d'une vie heureuse. Dans notre société de consommation, nous oublions parfois l'essentiel. En étant un bon mari, un bon père de famille et un bon travailleur, on peut être fier et mériter le respect de tous.

Aujourd'hui, je regarde autour de moi et je vois que j'ai accompli quelque chose. Je ne suis pas une vedette de cinéma ni un chevalier d'industrie. Je suis un homme qui vit conformément à ses valeurs et qui contribue au bien-être de son prochain.

FAIRE PREUVE DE PATIENCE

*U*ne relation de couple exige de la patience. Les choses n'évoluent pas toujours de la façon dont on le souhaite ni aussi rapidement qu'on le voudrait. Mais si les fondements de la relation sont solides, on pourra sûrement atteindre ses objectifs avec le temps. Je suis un être humain avec mes forces et mes faiblesses. L'autre aussi est un être humain avec ses forces et ses faiblesses. On doit composer avec ce dont on dispose et tenter de tirer le meilleur parti de chaque situation. La patience peut nous aider à accepter avec douceur les petits contretemps et les difficultés qui surviennent au sein de notre couple.

Aujourd'hui, je vois que les fondements de notre relation de couple sont solides. En faisant preuve de patience, je mets toutes les chances de mon côté pour réussir et vivre en harmonie, un jour à la fois.

LE COUPLE UN JOUR À LA FOIS

Lorsqu'on songe à prendre un engagement pour toute une vie, cette pensée peut nous sembler envahissante. On peut alors se demander si on a suffisamment d'endurance ou de courage pour tenir le coup, même pour quelques années. On peut aussi craindre que le couple ne perde sa vitalité avec les années. Mais si on décide de vivre ensemble, un jour à la fois, la tâche devient soudainement plus réalisable. En somme, on ne peut vivre qu'un jour à la fois. On vit moment par moment. Et ces moments s'accumulent pour former une heure, une journée, une année et finalement toute une vie. Lorsque nous serons plus vieux, nous verrons que la vie a passé vite et que les choix que nous avons faits plus jeunes ont imprimé leurs différences sur l'ensemble de notre vie.

Aujourd'hui, je vis mon couple un jour à la fois. En vivant dans l'instant présent, je peux profiter pleinement de ce qui m'entoure.

CHAQUE JOUR MARQUE UN NOUVEAU DÉBUT.

*A*ujourd'hui, je sais que chaque jour marque un nouveau début. Hier nous nous sommes peut-être disputés ou nous avons peut-être essuyé une déception, mais la lueur d'une nouvelle journée vient de paraître et avec elle naissent toutes sortes de possibilités. Nous avons appris de nos erreurs passées et nous allons continuer d'apprendre. Notre amour n'est pas parfait mais nous l'améliorons tous les jours. Pourquoi devrions-nous rester accrochés aux choses du passé quand nous avons devant nous un futur glorieux que nous pouvons bâtir ensemble à partir de maintenant?

Aujourd'hui, je suis ouvert à toutes les possibilités.

CE QUE JE PEUX CHANGER

*I*l y a des choses que je peux changer et d'autres choses que je dois accepter. Face au couple, je dois être en mesure de voir ce qui peut être amélioré et ce que je dois accepter. Si je m'entête à vouloir changer chez l'être cher une chose qui lui tient à coeur, je nous rendrai tous deux malheureux. Lorsque je vois une chose qui peut nuire à notre relation et que je peux la changer, je dois le faire.

Aujourd'hui, je change ce qu'il m'est possible de changer, j'accepte ce que je ne peux changer et je demande à Dieu de me donner la sagesse d'en faire la différence.

LE NUMÉRO GAGNANT

*C*ertains ont l'impression que trouver l'âme soeur est un peu comme jouer à la loterie. Il faut que la chance soit au rendez-vous afin de pouvoir rencontrer une personne qui nous convient mais les risques sont tels qu'on devra se satisfaire de quelqu'un qui ne correspond pas entièrement à nos attentes. En réalité, on peut attirer près de nous exactement qui l'on désire. Il n'est pas nécessaire de rêver et d'espérer rencontrer l'âme soeur pour finalement devoir se satisfaire d'une relation qui ne corresponde pas à notre idéal. Il faut pour cela adopter une attitude qui exclut la possibilité d'un échec. Savoir au départ qu'on trouvera l'âme soeur et qu'on mérite la meilleure relation de couple qui soit nous prépare mentalement et émotionnellement à cette éventualité. Cette attitude mentale fondée sur la certitude envoie un signal puissant et clair dans l'univers.

Aujourd'hui, je sais que je n'ai pas à me satisfaire d'une relation qui ne correspond pas à mes attentes et à mes désirs. J'ai décidé qu'à ce chapitre je ne ferais pas de compromis et que j'entretiendrai en mon for intérieur l'attitude d'un gagnant.

AUJOURD'HUI JE VOIS QUE J'AI CHANGÉ.

*L*a relation de couple est une force de transformation dans nos vies. On ne peut pas être en relation sans connaître de changements. La relation de couple demande des ajustements constants, nous permet de faire des prises de conscience importantes, nous demande de demeurer ouvert à l'autre et à ses besoins de changement. La rigidité n'a pas sa place dans le couple car le couple est en mouvement, à la manière d'une danse. On doit être souple et bouger en unisson avec la musique qui se dégage de notre relation amoureuse.

Aujourd'hui, je vois que j'ai changé. Ma relation de couple a transformé ma vie. L'amour est la motivation la plus puissante au changement positif. J'utilise ma relation de couple pour apporter à ma vie toutes sortes de changements positifs.

LA CAPACITÉ D'AIMER

L'amour n'est pas compliqué mais demande un effort complexe. On choisit d'aimer ou de ne pas aimer. Lorsqu'on a choisi d'aimer pour le meilleur et pour le pire, on doit consacrer tous ses efforts afin de préserver et de faire grandir cet amour. Les conditions de la vie, les besoins et les exigences de l'autre et nos propres critères de satisfaction doivent entrer en considération dans chacun de nos choix quotidiens. La relation de couple requiert des ajustements et des mises au point constants. L'on doit être présent et à l'écoute de chaque situation afin d'en tirer le maximum pour alimenter l'amour du couple. Il n'y a nul doute que l'amour naît spontanément dans notre coeur mais cet élan amoureux peut s'estomper rapidement. C'est par nos efforts et par la qualité de nos efforts que nous assurons la survie de notre amour.

Aujourd'hui, je choisis le travail d'amour du couple.

S'OCCUPER DE L'AUTRE

*O*n doit s'intéresser et s'occuper de l'autre pour réussir une vie de couple. Chaque chose que l'on fait pour l'autre vient renforcer la relation. Plusieurs relations de couple prennent fin parce qu'on se préoccupe davantage de son propre bien-être que du bien-être de l'autre. On pense d'abord à son bien et à son bonheur à soi et le bonheur de l'autre nous paraît abstrait et secondaire. Si les deux conjoints sont intéressés et s'occupent l'un de l'autre, chacun se sent comblé et aimé tous les jours. Pourquoi mettre fin à une relation de couple quand on est heureux et que nos besoins sont comblés? La relation de couple devient un petit paradis sur terre lorsque nous orientons nos énergies vers la satisfaction des besoins de l'autre et que l'autre est aussi intensément impliqué dans la satisfaction de nos besoins. Voilà l'égalité des échanges! Voilà la magie du couple qui se manifeste dans chaque action, dans chaque pensée et dans chaque parole!

Aujourd'hui, je vois que le couple n'existe pas en fonction de la satisfaction de mes besoins. Je dois m'intéresser et m'occuper de l'être cher tous les jours. Ce faisant, je crée un contexte d'amour et de partage qui renforce notre relation.

RENDRE L'ORDINAIRE EXTRAORDINAIRE

«Mon copain a le don de transformer les situations banales de la vie en des occasions de rire et s'amuser. Je devais aller au bureau des immatriculations pour passer le permis de conduire. Vous pouvez vous imaginer combien j'étais nerveuse avant le test. Gilles a décidé de prendre congé cet après-midi-là pour venir m'encourager. Tout au long du trajet vers le bureau des immatriculations, il me disait à quel point j'étais bonne conductrice et que j'allais réussir le test. Il me parlait des voyages à la campagne que nous pourrions faire ensemble. Il me parlait de la belle voiture que nous achèterions et surtout il me faisait rire pour m'aider à me détendre. J'ai passé le test sans problème et Gilles m'attendait à la sortie avec des ballons et des confettis. J'étais vraiment heureuse. Ce type a le don de rendre la vie amusante!»

— Marianne D.

Aujourd'hui, je vois qu'on peut transformer les situations ordinaires de la vie. La vie de couple ne doit pas être une corvée mais plutôt un contexte qui mène à la joie et à la célébration. Je peux faire des surprise à l'être cher. Je peux organiser de petites fêtes impromptues. Je peux utiliser mon imagination pour transformer les situations.

LES MOMENTS DE DÉTENTE PASSÉS ENSEMBLE

*A*ujourd'hui, j'apprécie les moments de détente passés ensemble. J'aime ces moments que nous passons ensemble à bricoler, à bavarder, à regarder un bon film à la télé. Je vois que ces moments de détente nous rafraîchissent et nous rapprochent. Je suis heureux de constater que même si la vie bouge rapidement, nous pouvons ralentir le rythme des choses et vraiment savourer nos moments libres.

Aujourd'hui, j'apprends à savourer les moments de détente.

PRATIQUER UN SPORT

*N*ous savons tous que l'activité physique est essentielle à la santé. L'activité physique et les sports peuvent aussi renforcer la relation de couple. On peut pratiquer des activités sportives ensemble. Plusieurs sports peuvent être pratiqués en couple: le tennis, le badminton, le cyclisme, l'escalade, le canotage, la marche et la liste est infinie. Le sport revitalise et ravigote la relation de couple et nous garde en santé.

Aujourd'hui, j'organise des activités sportives que l'on peut pratiquer en couple. Je vois que le sport peut nous rapprocher, tout en nous gardant jeune et en santé. Il y a de nombreux sports que l'on peut pratiquer en couple. Il doit y avoir un ou deux sports qui nous conviennent à merveille, ne serait-ce que la marche, qu'on peut faire le soir après le dîner.

L'ÉDUCATION DES ENFANTS

L'éducation et la socialisation des enfants font partie de la réalité du couple. Il s'agit de l'entreprise de toute une vie. Les enfants viennent un jour et nécessitent notre amour et notre attention. Ensuite, ils repartent vivre leurs vies. Ils partent avec les leçons qu'ils ont apprises à nos côtés et avec l'amour et l'encouragement qu'on a pu leur donner pendant les années formatrices. L'éducation et la socialisation des enfants font un beau projet de couple. Ce projet peut se réaliser dans l'harmonie, la collaboration et l'émerveillement. Il peut aussi se dérouler dans le conflit et la misère. Si le couple est fort et uni, le projet sera d'autant facilité.

Aujourd'hui, j'accueille les enfants dans notre vie de couple. Je vois que la socialisation des enfants demande beaucoup d'énergie, d'amour et de patience. Mais je n'oublie pas notre couple, car je sais que pour bien réaliser ce projet, ma relation de couple doit être solide et harmonieuse. Les enfants viennent et repartent. Le couple dure toute une vie.

LE MANQUE DE COMMUNICATION

«Le manque de communication constitue de loin l'élément le plus problématique des relations humaines. Ce que les gens disent en fait, c'est qu'ils sentent qu'on ne les connaît pas vraiment, d'une façon qui leur donnerait l'impression d'être proches, aimés et initiés. Cela s'explique par le fait que la plupart des gens refusent de croire qu'on peut les connaître.»

— Daphne Rose Kingma

*T*ous s'entendent pour affirmer que la communication est essentielle à la vie de couple et aux rapports humains en général, et que le manque de communication peut détruire un couple. Chacun doit se sentir compris à l'intérieur de son couple et savoir que l'autre s'intéresse à lui et à ses préoccupations. La communication est simplement l'échange de mots ou d'information. C'est également la faculté d'écouter et de comprendre les données essentielles que l'autre tente de nous livrer et c'est notre faculté de nous faire entendre et de nous faire comprendre. La communication est un processus actif qui demande notre attention et notre présence. En étant présent, ouvert et réceptif, on peut participer à ce processus de communication et réagir aux besoins imminents qui se manifestent au quotidien.

Aujourd'hui, je participe activement à ma relation de couple en communiquant avec l'autre. La communication n'est pas que l'échange de mots, c'est également l'attention et l'intention que j'apporte à la relation.

2 décembre

DITES-LE AVEC DES FLEURS!

*T*ous aiment recevoir des fleurs. Lorsqu'on est en relation depuis un certain temps, on peut oublier que ce simple geste peut transformer la journée de l'être cher. C'est un geste pourtant simple qui signifie «je t'aime et je pense à toi». Les femmes peuvent offrir des fleurs à leurs conjoints. Et les hommes doivent toujours se rappeler d'offrir des fleurs à la femme qu'ils aiment. Les fleurs sont le symbole de la vie et de l'amour et s'offrent sans aucune raison et dans toutes les circonstances de la vie. Dites-le avec des fleurs!

Aujourd'hui, j'offrirai un joli bouquet à l'être cher pour lui dire: «Je t'aime mon amour et je suis avec toi aujourd'hui et pour toujours. De toutes les fleurs, tu es la plus belle.»

L'EFFET DE SURPRISE

*A*ujourd'hui, j'ai décidé de faire une surprise à l'être cher. Je peux me présenter à son travail à midi avec un bouquet de fleurs. Je peux lui annoncer que nous sortons ce soir et réserver une table à un nouveau restaurant. Je peux rédiger un poème en son honneur que je lui remettrai au moment opportun. Je peux réparer le lave-vaisselle qui fonctionne mal depuis quelque temps. Je peux faire le nécessaire pour que les enfants soient confiés à mes parents le week-end prochain, de sorte que nous passions du temps seuls ensemble. Il n'y a pas de limite sur ce que je peux faire pour ajouter un peu de piquant à notre couple. Je vois que l'effet de surprise peut revitaliser notre couple en nous permettant d'être ensemble en toute spontanéité.

Aujourd'hui, j'ai décidé de faire une surprise à l'être cher.

4 décembre

N'OUBLIEZ PAS LES BEAUX-PARENTS.

On entend souvent des critiques et des remarques défavorables à l'égard des beaux-parents. On répète souvent le cliché selon lequel les beaux-parents sont possessifs, exigeants et trop présents dans la vie d'un couple. Il faudrait chercher à les éloigner si on souhaite être heureux et autonomes. Mais n'oubliez pas que, sans vos beaux-parents, vous n'auriez pas trouvé l'être cher. Votre couple résulte en partie de leur amour et de leurs efforts. Nos beaux-parents méritent notre amour et notre respect. Ils sont des êtres sensibles qui désirent nous aimer et nous aider. Ils ont notre intérêt à coeur.

Aujourd'hui, je rends hommage à mes beaux-parents. Je vois comment ils ont contribué à ma vie en donnant naissance et en élevant l'être cher dans l'amour.

UN PEU D'ENCOURAGEMENT!

*L*es mots et les gestes d'encouragement sont très importants. Nous savons que la vie peut parfois exiger tous nos efforts et notre énergie. Lorsque nous recevons l'appui inconditionnel de notre partenaire, nous sommes plus aptes à réussir et à vaincre les obstacles de la vie. Encourager l'être cher demande peu de temps et d'énergie, en général. Il suffit de dire: je crois en toi; je sais que tu en es capable; tu as tous les talents pour réussir ce projet. On peut prêter son appui en osant des petits gestes encourageants: par exemple, préparer un bon repas; libérer l'autre en accomplissant des tâches qui lui sont habituellement réservées; en établissant des contacts utiles ou en essayant d'imaginer de nouvelles solutions aux problèmes du moment.

Aujourd'hui, j'encourage l'être cher. Je sais que les mots et les gestes d'encouragement peuvent faire toute la différence dans la journée de l'autre. C'est aussi facile d'encourager que de critiquer ou d'être indifférent, mais les résultats en bout de ligne sont tout autres.

DIRE MERCI!

*D*ire merci signifie que l'on est conscient et que l'on apprécie les efforts de l'autre pour nous aider et nous rendre heureux. On peut oublier de dire merci à l'être cher, en proie que nous sommes à l'habitude de recevoir. Mais nul n'apprécie que l'on considère qu'il fasse partie du décor. Chaque geste est important. Chaque petite chose que l'être cher fait pour nous aider ou nous rendre heureux mérite un remerciement. Merci traduit la reconnaissance fondamentale qui doit prévaloir entre deux êtres qui collaborent et qui vivent ensemble.

Aujourd'hui, je prends le temps de dire merci. Lorsque je constate ses efforts en vue de rendre notre vie de couple plus heureuse et plus agréable, je lui dis: «Merci mon amour!»

7 décembre

L'INDIFFÉRENCE QUI TUE

«Je n'étais pas convaincue qu'il m'aimait encore. Nous étions ensemble physiquement mais je ne sentais pas d'énergie ou de dynamisme entre nous. Nous ne nous disputions pas. Nous n'avions pas de conflit important. Mais je ressentais son indifférence. Je sentais que notre relation pouvait continuer ou se terminer et que ça lui était égal. Alors, j'ai décidé de faire bouger les choses. Je n'allais pas accepter sa nonchalance fondée sur la routine et l'indifférence. Après maintes discussions, je lui ai dit que je voulais mettre fin à notre relation. Il n'a jamais compris pourquoi. Mais surtout, il n'a jamais voulu comprendre que la vie de couple n'est pas une boîte de conserve, mais un processus de croissance fondé sur la passion et sur la découverte.»

— Andréa B.

John Lennon disait: «En autant qu'il y a de la vie il y a de l'espoir.» Les êtres vivants ne peuvent vivre dans l'indifférence. Les êtres vivants doivent entrer en relation avec d'autres êtres vivants. Être vivant signifie être présent dans la vie, impliqué, passionné, en action. Si vous aimez quelqu'un, faites-lui savoir qu'il vous tient à coeur. Vivez chaque instant avec intérêt et désir. La vie ne se passe pas devant le téléviseur ou dans un roman policier. La vie mérite d'être vécue avec intensité et avec passion.

Aujourd'hui, je demeure éveillé et présent. Je sais que la routine peut être sécurisante mais qu'un couple a également besoin d'aventures trépidantes et de passion.

CRÉEZ, CRÉEZ, CRÉEZ!

*L*a relation de couple est un projet de création sans fin. On crée la relation, puis on crée encore la relation et ensuite on crée encore la relation. Dans le couple, rien n'est jamais acquis. On doit se lever avec l'intention de participer, de donner, d'inventer notre relation de couple chaque jour et jusqu'au bout.

Lorsqu'on cesse d'inventer son couple, il commence à se détériorer. On doit générer de nouvelles expériences, formuler des projets communs, pratiquer ensemble des activités nouvelles, si on veut préserver un couple et lui insuffler constamment un nouvel élan.

Aujourd'hui, je vois que je dois inventer mon couple chaque jour. Lorsque je cesse de créer, ma relation perd son élan et son dynamisme. Mais si je suis là, à créer constamment de nouvelles possibilités, le couple ne peut que progresser.

9 décembre

FAIRE DES PROJETS

«Nous avions imaginé faire le tour du monde ensemble. Ce projet de voyage est toujours demeuré comme un projet fondamental à notre couple. Nous ne savions pas exactement quand nous allions pouvoir partir, mais nous étions persuadés que nous le ferions un jour. Finalement, nous avons eu l'occasion de faire ce long voyage qui a duré plus d'une année. Ce fut merveilleux! Nous avons visité plus de 60 pays et pris environ 5 000 photos. Maintenant, à 60 ans, nous planifions de vivre sur un bateau sur les mers du Sud. Ce que j'aime, c'est notre désir d'accomplir des choses ensemble et de vivre des expériences communes.»

— Émilie B.

Il faut former des projets pour le couple. Ce faisant, on peut imaginer notre avenir et partager nos rêves. La planification de projets communs nous fournit des objectifs à atteindre ensemble. Ces projets peuvent être grandioses ou très simples. On peut planifier une randonnée pour le week-end, un dîner romantique ou une deuxième lune de miel. Les projets communs nous rapprochent et nous permettent de vivre des expériences communes qui enrichissent et renforcent le couple.

Aujourd'hui, je forme des projets avec l'être cher. La vie passe si vite et la routine en vient à acquérir trop d'importance dans nos vies. Les projets communs donneront des ailes à notre couple.

ÉCOUTEZ AVEC VOTRE COEUR

«Le véritable amour écoute, conscient que c'est dans le mystère de l'échange que nous sommes unis, et que l'échange véritable se produit non seulement par ce qui est dit, mais par ce qui est reçu profondément. C'est la bouche qui prononce les mots, mais c'est le coeur qui écoute, et c'est là que tombe le sens, comme une pierre au fond d'un étang, laissant une empreinte au niveau le plus profond.»

— Daphne Rose Kingma

Aujourd'hui, j'écoute avec mon coeur. Je me bouche les oreilles pour ne plus entendre les bruits de fond qui m'entourent et j'écoute l'appel de mon coeur qui m'incite à aimer et à me rapprocher de l'être cher. En écoutant avec mon coeur, je peux mieux comprendre mon amour et réagir aux besoins réels de notre couple. En écoutant avec coeur, je peux voir en quoi notre relation est importante et mérite d'être préservée et renforcée en tout temps.

OUBLIEZ LA ROUTINE!

Le traintrain quotidien peut être beaucoup plus néfaste au couple que les conflits ou les malentendus. Lorsqu'on s'enlise dans la routine, on devient quelque peu robotisé et on oublie de poser les gestes et de dire les mots qui font vivre notre amour. On peut vivre aux côtés de quelqu'un des années sans entrer véritablement en relation. En rompant la routine quotidienne, on peut inventer à chaque instant son couple et vivre le moment présent.

Aujourd'hui, je vois en quoi la routine peut sembler sécurisante. Mais je vois également que notre couple doit vivre et respirer. Je dois inventer chaque jour des moments de spontanéité afin de rejoindre l'être cher. Je dois inventer de nouvelles activités et de nouveaux projets communs pour que notre amour et notre passion continuent de palpiter au rythme de la vie.

LA BEAUTÉ QUI NOUS ENTOURE

*L*a relation de couple peut être comme une oeuvre-d'art. On peut décider de créer une belle relation, de former un couple harmonieux et qui fonctionne bien. Les relations qui fonctionnent bien et qui nous apportent plaisir et satisfaction sont des chefs-d'oeuvre que nous créons à deux. La communication peut être harmonieuse, fondée sur l'humour, le plaisir et la complicité. Nos activités peuvent être agréables et faire ressortir nos qualités et notre sens du jeu et de l'entraide. Les lieux que nous fréquentons, principalement celui où nous habitons, peuvent être des lieux de tranquillité et de beauté. La relation de couple peut être une oeuvre-d'art que l'on crée ensemble, tous les jours.

Aujourd'hui, je sais que je peux nous créer une belle vie en couple.

FAIRE LE POINT

«Je me suis rendu compte que mon mari avait changé. Au début de notre mariage, nous faisions tout ensemble. Mais progressivement, il est devenu plus distant, beaucoup plus impliqué dans son travail. Je le voyais brièvement le soir après que les enfants étaient au lit et il préférait regarder les bulletins de nouvelles à la télé. Le week-end, je devais argumenter avec lui pour organiser une sortie quelconque. J'ai vu que nous devions faire le point et je lui ai signifié que cela n'allait pas du tout. Je voulais une vie de couple dynamique et, s'il n'était pas en mesure de participer à part égale à notre vie commune, j'allais trouver quelqu'un qui s'intéresserait à moi. La douche froide lui a ouvert les yeux et son attitude a changé complètement.»

— Gabrielle S.

La relation de couple est loin d'être statique. Les individus qui le composent évoluent et changent, la dynamique interne se transforme au fil du temps selon les circonstances. Pour ces raisons, il peut s'avérer nécessaire de faire une mise au point de temps à autre. On doit parler des choses qui nous importent et dire comment on voit les choses aujourd'hui. En faisant des mises au point périodiques, notre relation de couple demeure actuelle et peut répondre à nos attentes et à nos besoins du moment.

Aujourd'hui, je ne fuis pas les mises au point nécessaires. Lorsque je sens qu'il faut nous parler, je n'attends pas. J'exprime les choses qui m'importent et j'implique l'autre dans le développement de notre relation.

ÊTRE AGENT DE LA PAIX

*D*ans un couple, on peut être l'agent provocateur ou l'agent de la paix. On peut alimenter les disputes et les conflits ou agir de façon à calmer les esprits. Aucun gagnant ne sort de ces conflits. On dit et on fait des choses lorsqu'on est en colère, que l'on peut regretter pendant des jours, voire des mois. Lorsqu'on choisit d'être un agent de la paix, on s'aperçoit rapidement qu'un conflit ou qu'une dispute se prépare. On garde son sang-froid et on réagit immédiatement pour rétablir l'harmonie. Parfois le silence peut suffire pour éviter l'escalade d'un conflit. D'autres fois, on doit recourir à une méthode plus active comme, par exemple, sortir prendre l'air. Chaque fois que l'on évite une confrontation fondée sur la colère, on gagne, car la colère est toujours mauvaise médiatrice.

Aujourd'hui, je suis un agent de la paix dans notre relation. La colère, l'invalidation et la violence n'ont pas leur place au sein d'une relation de couple. Notre objectif est de nous entraider et non de nous disputer et de nous punir. Lorsque je vois qu'un conflit se dessine entre nous, je prends du recul et je choisis de ne pas alimenter la discorde. En étant calme et compréhensif, je serai en mesure de communiquer sans blesser.

LA PEUR DU CHANGEMENT

«Lorsque j'ai dit à Albert que je voulais entreprendre un nouveau régime amaigrissant, il était ravi. Après la naissance de nos deux enfants, j'avais pris beaucoup de poids et j'avais 30 kilos en trop. Je voulais retrouver la forme que j'avais au temps de nos fréquentations et ranimer la passion entre nous. J'ai dû me discipliner pour m'alimenter de façon convenable en éliminant surtout les matières grasses et les sucreries. De plus, j'ai commencé à suivre des cours de danse aérobic pour accélérer le processus. Après trois semaines, j'avais perdu plus de 10 kilos et je commençais à me sentir vraiment bien dans ma peau. C'est à ce moment que j'ai constaté qu'Albert tentait subtilement de me faire abandonner le régime en m'offrant de petites gâteries. Il cherchait à saboter mon régime! Lorsque je l'ai confronté, il a tout nié. Il a affirmé vouloir éviter que je tombe malade en faisant un régime trop sévère, mais je voyais qu'il y avait autre chose. Il a fini par admettre qu'il craignait de me perdre si je mincissais et retrouvais ma forme idéale. En restant rondelette, les autres hommes seraient moins attirés par moi. J'ai dû prendre le temps de le rassurer et lui dire qu'il était le seul homme de ma vie et qu'il n'avait rien à craindre.»

— Marie L.

Aujourd'hui, je vois que je n'ai pas à craindre le changement. Si je résiste aux changements, je serai malheureux et je ne serai pas en mesure de profiter pleinement d'une relation de couple en pleine évolution.

Soutenir l'autre dans son entreprise

*D*ans le couple, le succès de l'un est le succès de l'autre. Pour cela, chacun doit soutenir l'autre dans ses projets. Lorsque l'autre accomplit du bon travail, c'est le couple dans son ensemble qui en profite. On est heureux lorsqu'on réussit dans la vie. Au travail, dans nos familles et dans notre vie sociale, nous cherchons tous à réussir. Heureusement! la réussite devient possible lorsqu'on s'appuie mutuellement sur son partenaire. Grâce à l'appui de l'autre, on peut se réaliser, réussir dans tous les domaines. Malheureusement, dans plusieurs relations, une forme de compétition s'installe entre les conjoints. Alors, on a l'impression que la réussite de l'un se fait au détriment de l'autre. Tous les deux peuvent réussir et partager le succès commun, à la condition de s'appuyer et de s'encourager.

Aujourd'hui, je vois que je ne perds rien en aidant l'être cher à se réaliser. Je désire soutenir l'autre dans tous ses projets, car je sais que sa réussite est également la mienne.

BEAUCOUP DE LIBERTÉ ET DE COMMUNICATION

*U*ne relation de couple demande beaucoup de liberté et de communication. On doit savoir qu'on peut étendre ses ailes et poursuivre les buts qui nous sont chers, tout en restant en rapport avec l'autre. On doit pouvoir regarder l'autre grandir et être présent sans s'imposer et sans exiger que l'autre n'abandonne ses intérêts au profit d'une relation bien rangée. La communication verbale, émotionnelle et spirituelle doit être le tissu qui nous tient ensemble, chacun branché sur la réalité de l'autre. Si cette communication est en place et que la confiance règne, on peut être libre à tous les moments, en profitant de la stabilité et de la sécurité du couple.

Aujourd'hui, je sais que la communication et la liberté vont de pair. La relation de couple ne doit pas être contraignante, en autant que l'autre participe à notre évolution émotionnelle et spirituelle.

SÉCURISER L'AUTRE

*L*orsqu'on analyse de près les motifs qui nous poussent à fonder une relation de couple, on voit que la sécurité est pour plusieurs un facteur important. Lorsqu'on parle de sécurité, on ne parle pas nécessairement de sécurité financière bien que celle-ci y soit pour quelque chose. On parle plutôt de favoriser des conditions physiques, morales, émotionnelles et spirituelles qui soient propices à la stabilité et à la croissance de chacun. Dans une bonne relation de couple, chacun sait qui il est, avec qui il se trouve et où il s'en va. Déjà, avec les réponses à ces questions fondamentales, on peut bien fonctionner en société et atteindre la plupart de ses objectifs.

Chacun a son rôle à jouer dans la création d'un contexte sécurisant. Déjà, en ne remettant pas constamment la relation en question et en acceptant sa légitimité et sa raison d'être, on contribue à cette stabilité et cette sécurité. Ensuite, en étant présent dans les moments importants, prêt à donner son appui et à tenir parole, on contribue à ce contexte de sécurité émotionnelle tant recherchée. Et finalement, en étant intègre et transparent dans tous nos échanges, on sécurise l'autre et on lui permet de trouver l'appui nécessaire.

Aujourd'hui, je veux instaurer un contexte de stabilité et de sécurité dans notre relation de couple. Je connais les moyens qui m'aideront à créer ce contexte tous les jours.

L'ÊTRE FONDAMENTAL

*N*otre partenaire ne cherche qu'une chose: être en relation avec le vrai Moi, l'être fondamental. Notre partenaire ne veut pas être en relation avec son père, son frère, son meilleur ami ou l'idée que nous nous faisons de nous-mêmes. Notre partenaire a vu quelque chose en nous et a tellement aimé ce qu'il a vu, qu'il en est tombé amoureux. Où est cette personne spontanée et sincère qui ne pouvait pas cacher sa joie et sa passion? Avons-nous décidé d'épargner le vrai Moi de peur de le gaspiller? On ne peut pas être en relation avec un masque ou un type idéal. On est en amour avec un être authentique et vibrant.

Aujourd'hui, je montre mes vraies couleurs. Je sais que je peux apparaître sous mon vrai jour en présence de l'être cher.

LE COUPLE COMME UNE ENTREPRISE
SPIRITUELLE

«Nous cherchons à connaître la signification d'une relation personnelle à partir de ses origines les plus profondes. Alors que dans le passé nous posions la question au nom de nos émotions, nous nous interrogeons désormais au nom de l'esprit. Nous commençons à comprendre que toute relation personnelle est également une entreprise spirituelle qui, au-delà du bonheur qu'elle procure et de la solitude qu'elle nous épargne, nous ouvre un jardin dans lequel l'esprit s'épanouira. L'amour est la force motrice de tout rapport personnel qui nous met en contact étroit avec l'autre. L'amour qui guide notre esprit est, en définitive, la seule chose qui importe vraiment en ce monde.»

— Daphne Rose Kingma

Le couple est une entreprise spirituelle qui implique la participation de deux esprits libres et autonomes. Rien ne détermine nos vies plus que nos choix. Nous sommes libres de choisir la vie que nous allons vivre. Nous sommes libres de choisir avec qui nous allons vivre une relation amoureuse et combien de temps cette relation va durer. Nous sommes libres de nous engager ou non dans une relation de couple. Nos choix façonnent ce que nous sommes aujourd'hui et qui nous allons devenir. Ceux qui choisissent de bâtir des relations engagées et à long terme seront toujours avantagés car ils peuvent prendre racine et manifester ainsi leur vraie nature.

Aujourd'hui, je prends racine et je manifeste ma vraie nature.

S'ENTOURER DE CHOSES VIVANTES

*U*ne relation de couple est vivante et dynamique. On peut assurer la survie, l'épanouissement et le dynamisme de notre relation en s'entourant de choses vivantes: des plantes, des animaux, des enfants, des amis qui ont un point de vue positif, les membres de notre famille élargie qui désirent contribuer à notre vie commune. En s'entourant de choses vivantes, on évite que toute notre attention soit portée vers nous-même et vers le couple. On sent aussi le transfert de la force et de l'énergie qui s'opère entre les êtres vivants.

Aujourd'hui, je cherche les êtres et les choses vivantes. La vie cherche la vie. La force dynamique de la vie se répand comme le feu et dynamise son entourage. Alors j'entourerai ma relation d'êtres et de choses vivantes.

UNE PHILOSOPHIE RELIGIEUSE

«Je fais partie de ceux qui ont abandonné très jeune les pratiques religieuses. Je voyais l'Église comme un carcan imposé de l'extérieur qui n'avait rien à voir avec la spiritualité et tout à voir avec la politique. Je ne sentais pas que l'Église avait grand chose à m'offrir et je ne m'identifiais pas au Dieu qui m'était présenté. Enfant cependant, j'avais beaucoup aimé les récits de la vie de Jésus et les autres histoires de l'Ancien Testament. En vieillissant, j'ai commencé à éprouver le besoin grandissant d'avoir une philosophie religieuse qui corresponde à mes valeurs. J'étais souvent tourmenté et j'avais beaucoup de difficultés dans mes relations. En faisant des recherches, j'ai trouvé la religion (ou la philosophie religieuse et spirituelle) bouddhiste. Cette nouvelle perspective sur la vie a complètement changé ma façon de vivre et a sauvé mon mariage. Enfin, j'avais un cadre spirituel et moral pour me guider dans mes décisions et pour m'aider à traverser les périodes difficiles.»

— Jean-Paul B.

Aujourd'hui, je sais que je suis un être spirituel et que la force qui anime mon couple est une force spirituelle. Je dois pouvoir reconnaître cette force dans ma vie et l'orienter de façon positive tous les jours.

SE REMETTRE SUR PIED APRÈS UNE RUPTURE

*O*n sait qu'en Amérique du Nord 50 pour cent des mariages se terminent par un divorce. On constate également que plusieurs couples fuient l'engagement et, de cette façon, ils croient pouvoir échapper aux conséquences désastreuses de la rupture. Le divorce et la rupture d'un couple sont sans doute les expériences les plus difficiles. Pendant un certain temps, on connaît des émotions douloureuses, on est confus et déprimé. On cherche souvent sans succès à comprendre pourquoi la relation a pris fin. On est rempli de colère et d'amertume envers celui qui a osé nous laisser et qui est venu perturber notre vie et anéantir notre estime personnelle et notre moral.

Pour notre propre bien et pour le bien des gens qui nous entourent, on doit chercher à se remettre sur pied aussi rapidement que possible. En n'oubliant pas de bien s'alimenter, en faisant de l'activité physique et des sorties, en se tenant loin des drogues, de l'alcool et des antidépresseurs et en communiquant avec des amis de confiance, on pourra éventuellement s'en sortir.

Aujourd'hui, je sais que je m'en sortirai. J'ai un plan pour m'en sortir, pour me libérer de tous ces sentiments négatifs qui m'habitent depuis la rupture. Je vois qu'à chaque jour, je vais de mieux en mieux.

NE PAS JOUER À LA VICTIME

*P*lusieurs personnes sont persuadées qu'elles sont victimes. Elles ont l'impression que la vie et les gens ont été particulièrement cruels et insensibles envers elles. Elles voient leur vie comme une lutte incroyable contre l'adversité et elles sont toujours en train de se relever d'une défaite. Elles sont persuadées que la vie a été profondément injuste envers elles personnellement. Mais la vérité est que personne sinon nous-même ne peut faire de nous une victime. On doit se constituer en victime à partir de nos perceptions et de nos propres décisions pour en devenir une.

La société accorde beaucoup d'importance et de valeur à la victimisation. Tout notre système d'imposition et de redistribution de la richesse collective est fondé sur la victimisation des individus. La réalité est qu'il y a des gens qui choisissent de se hausser au-delà des conditions matérielles données et qu'il y en a d'autres qui cherchent à justifier leur manque de dynamisme et leur incompétence fondamentale.

Aujourd'hui, je vois que le succès de ma relation de couple dépend de moi, de mes actions et de mes attitudes. Je ne me contenterai pas d'être une victime.

ÊTRE ENSEMBLE

*A*u-delà de sa valeur commerciale, le jour de Noël nous permet de célébrer la vie de couple et la vie familiale. Au-delà des cadeaux, de la bouffe, des drinks et des parties de bureau, il se trouve l'occasion d'être ensemble et de profiter du plaisir de jouer et de rire. Noël nous offre l'occasion de renouer avec les amis, les membres de notre famille et de se rapprocher amoureusement de l'être cher.

Nos coeurs vont vers ceux qui connaissent des moments difficiles durant les Fêtes et qui constatent l'état de leur vie familiale, émotionnelle et matérielle. Pour plusieurs, Noël est une journée qui ramène des souvenirs pénibles de ruptures et de moments d'aliénation. On peut espérer que la lumière divine de Noël les pénétrera et les aidera à traverser cette période.

Aujourd'hui, je suis heureux car je suis avec celle que j'aime. Je vois qu'ensemble, notre vie est meilleure. Je me sens entouré et aimé, et j'ai le profond désir d'aimer et de grandir avec elle.

SE SERVIR DES EXPÉRIENCES PASSÉES
POUR CONSOLIDER L'AVENIR.

«Après mon divorce, j'ai pris la décision d'utiliser toutes les choses que j'avais apprises dans notre couple pour former une nouvelle relation durable. J'ai décidé que je n'avais pas souffert en vain et que j'allais utiliser mes expériences passées pour établir une bonne relation éventuelle. Il me semblait que lors de mon mariage, je n'avais pas été en mesure de bien cerner les problèmes et d'y remédier. Le partenaire que j'avais choisi ne voulait pas améliorer la relation. Il se contentait de me critiquer et de me menacer. Mon prochain partenaire sera plus sensible aux besoins du couple et plus désireux de collaborer.»

— Jeanne D.

On peut voir la fin d'une relation comme un échec ou comme une expérience à partir de laquelle apprendre. Il n'est pas nécessaire de se détruire en assumant l'entière responsabilité de l'échec. Fort probablement, nous avons fait ce que nous pouvions avec les ressources et les possibilités à notre portée. L'essentiel, c'est d'être disposé à apprendre de nos expériences passées afin de façonner un avenir meilleur.

Aujourd'hui, je vois que la fin d'une relation n'est pas la fin du monde. Je peux me relever et dresser mon propre bilan. Une fois ce bilan terminé, je peux fonder une nouvelle relation et m'inspirer de mes expériences passées.

RECONNAÎTRE SES VRAIS AMIS

«Je crois que nos amis de couple nous ont beaucoup aidés à surmonter les crises qui nous ont secoués. Heureusement! nous sommes bien entourés. Tous nos amis proches forment des couples. Nous organisons fréquemment des rencontres avec eux. Ce sont des gens de notre âge qui partagent une réalité semblable à la nôtre. Lorsque Jean et moi avons connu des difficultés et que notre couple était menacé, nos amis nous ont beaucoup aidés et nous ont encouragés à rester ensemble et à surmonter nos différends. Nous sommes tous heureux d'avoir pris la décision de rester ensemble. Sans un tel réseau de soutien, je crois que nous aurions eu de la difficulté à passer au travers du tumulte et de la remise en question.»
— Thérèse L.

L'individu peut être influencé par son environnement. Si le couple s'entoure de célibataires endurcis, il n'est pas sûr que l'influence soit positive en ce qui concerne la relation. Les célibataires préfèrent fréquenter d'autres célibataires avec lesquels ils peuvent partager des activités et des intérêts communs. Mais si l'on s'entoure de gens qui valorisent notre couple et partagent nos valeurs communes, nous pouvons plus facilement compter sur leur appui lorsque nous traversons des périodes difficiles.

Aujourd'hui, je fais un effort conscient pour choisir comme amis des amoureux du couple. Je veux faire partie de ceux qui croient à la relation de couple.

PRENDRE DES RÉSOLUTIONS

*N*ous pouvons prendre des résolutions concernant notre relation de couple. On peut décider de faire davantage de sport ensemble et s'inscrire à un programme de conditionnement physique. On peut décider de parler plus doucement et promettre de ne pas formuler des commentaires dévalorisants ni de se disputer. On peut décider de se joindre à un groupe d'entraide dans l'intention de mettre fin à des dépendances qui minent notre relation. Le couple est une ressource précieuse que nous devons alimenter et protéger. Les bonnes résolutions qui visent à renforcer notre relation améliorent forcément notre qualité de vie. Certaines résolutions sont plus difficiles à prendre que d'autres. Mais en partageant nos résolutions avec l'être cher, on ira chercher l'appui nécessaire pour atteindre nos objectifs.

Aujourd'hui, je commence à formuler mes résolutions pour la nouvelle année. Je sais qu'en partageant mes résolutions avec l'être cher, je serai mieux en mesure de mettre en oeuvre ces importants projets.

LE SABOTAGE

*C*ertaines personnes envient notre couple. Elles seraient heureuses de nous voir mettre fin à notre relation. Pour des raisons qui peuvent nous échapper, ces gens ne croient ni à l'amour ni à l'engagement. Ils prônent autre chose: la vie de célibataire, les relations extra conjugales, les relations éphémères dénuées d'un engagement. Peut-être ont-ils été blessés ou n'ont-ils pas réussi leurs couples et, de ce fait, ils ne veulent pas voir les autres réussir le leur. On doit identifier et éliminer ces saboteurs de notre existence.

La relation de couple est semblable à une plante qui fleurit. Nous devons l'alimenter et créer toutes les conditions propices à sa croissance et sa floraison. Les saboteurs de la vie de couple répandent leur poison sur tous les gens qu'ils côtoient et menacent la santé de notre union.

Aujourd'hui, je demeure vigilant. Je vois que certaines personnes ne croient pas aux relations de couple. Elles peuvent nous entraîner sur des voies qui minent la vie et le bonheur du couple. Lorsque je constate qu'une personne de ce genre se trouve dans notre entourage, je prends tous les moyens nécessaires pour nous en éloigner.

QUI MÉRITE UNE RELATION DE COUPLE HARMONIEUSE?

«Lorsque deux êtres s'aiment du fond de l'âme, en plus de s'aimer, de se désirer, de se chérir, de s'adorer et de se protéger, chacun est également le gardien et le protecteur du bien-être de l'âme de l'autre, et s'assure que l'autre prendra les décisions qui favoriseront l'évolution de son âme. Pour cela, il faudrait peut-être favoriser la quiétude propice à l'esprit, s'adonner à la méditation, à la prière, mettre le téléviseur au rebut, afin d'encourager la réunion des âmes.»

— Daphne Rose Kingma

Aujourd'hui, je sais que je mérite une relation de couple harmonieuse. Je ne suis pas parfait mais j'ai la volonté d'aimer et d'établir une relation profitable et durable.

31 *décembre*

SE PRÉPARER À LA NOUVELLE ANNÉE

Voici qu'arrive la nouvelle année! En regardant derrière, je vois toutes les choses que nous avons vécues au cours des douze derniers mois. Nous avons traversé des périodes difficiles qui ont mis à l'épreuve notre amour. Heureusement! nous avons choisi de faire front commun et de travailler afin de renforcer notre couple. Les bons moments sont beaucoup plus nombreux que les moments difficiles. Je sens que nous sommes plus proches aujourd'hui et que notre relation de couple a bien mûrie. Lorsque je fais le bilan, je vois que je vis mieux au sein de mon couple, que les efforts du couple trouvent de nombreuses récompenses.

Aujourd'hui, je vois que l'arrivée de la nouvelle année annonce la venue de nouvelles expériences, de nouveaux défis. Je peux prendre la résolution d'offrir le meilleur de moi à l'être cher. Je projette notre futur ensemble et je sais que nous allons réussir.

IMPRIMÉ AU CANADA